Jean-François Viot

Briefe an Élise

Eine dramatische Korrespondenz
aus der Zeit des Ersten Weltkriegs

www.tredition.de

© 2016 Jean-François Viot
Übersetzung aus dem Französischen: Thomas Stauder

Verlag: tredition GmbH, Hamburg

ISBN
Paperback   978-3-7345-4963-2
Hardcover   978-3-7345-4964-9
e-Book   978-3-7345-4965-6

Printed in Germany

Inhaltsverzeichnis

Vorwort des Regisseurs der deutschsprachigen Erstaufführung

Ob ich mir dieses Stück eines jungen belgischen Autors mal durchlesen könne, und ob ich mir vorstellen könne, es als deutschsprachige Erstaufführung in Szene zu setzen, so die Anfrage des Aschaffenburger Kulturamtsleiters Burkard Fleckenstein. Das war im Januar 2015.

Bis dahin hatte ich mit meinem kleinen Ensemble, dem ab:art-theater, seit 2002 über zwanzig Produktionen auf die Studiobühne des Aschaffenburger Stadttheaters gebracht, darunter auch einige, mit aller Bescheidenheit bemerkt, wirklich gelungene multimediale Lesungen.

So setzte ich mich also hin und begann zu lesen, um schon nach den ersten beiden Seiten regelrecht einzutauchen in eine zunächst noch heile Welt des Jahres 1914, in der der französische Volksschullehrer Jean seiner geliebten, schwangeren Frau Élise Briefe von der Front schreibt und sie ihm antwortet.

So schreibt er, bezeichnend für die anfängliche, heute nicht mehr nachvollziehbare, Naivität und Begeisterung der Kriegsteilnehmer: *„Bis jetzt ist der Krieg für mich nur eine Art Picknick. Man kann wirklich sagen, dass die Regierung uns kostenlos eine wunderbare Reise ermöglicht."*

Natürlich schlägt diese Stimmung sehr bald um in Langeweile, Routine und aufkommende Skepsis an der Sinnhaftigkeit dieses Krieges. Und dann kommen nach der Euphorie kameradschaftlich errungener Kampferfolge nur noch Furcht und Schrecken und schließlich eine bleierne, hoffnungslose Resignation.

Über allem aber schwebt die Liebe und die hohe gegenseitige Achtung, die die beiden füreinander empfinden. Während Élise im wahrsten Sinne des Wortes in der Heimat ‚ihren Mann stehen muss' (*„Weißt du, was ich mir ausgedacht habe? Ich trage eine Hose! Die Kinder finden das sehr lustig. Sie nennen mich Herr Mama!"*), schwindet Jeans Glaube an den männlichen Kriegsheroismus immer mehr.

Er darf die Geburt seiner Tochter Jeanne erleben, sie gar in den Armen halten, bevor er wieder zurück in die Hölle des Krieges muss. Was kann es Schlimmeres geben?

Auf einem Zwischenstopp in Paris muss er sich abfällige Bemerkungen zweier Zivilisten über die französischen Soldaten gefallen lassen. Der sonst so sanfte Mann reagiert darauf ungewohnt heftig: *„Meine Herren, ich bin Lehrer von Beruf. Lehrer! Der Krieg ist kein Beruf. Nach außen hin dekoriert man uns mit Orden, dass wir aussehen wie Weihnachtsbäume, aber in Wirklichkeit sind wir den Leuten egal."*

Und dann tritt ein Mann, ein belgischer Flüchtling, in Élises Leben, während Jean sich freut – sein Urlaubsantrag wurde genehmigt –, an Jeannes Geburtstag wieder zu Hause zu sein.

Doch der so ersehnte Besuch wird zum Desaster...

Nach der beeindruckenden Lektüre war klar, dass es in Aschaffenburg eine deutschsprachige Erstaufführung der *Élise* geben würde, was für ein Theater ohne eigenes Ensemble keine Selbstverständlichkeit ist. Zuvor jedoch musste sich das

Stück im Hinblick auf eine gestraffte, verdichtete Bühnenversion einige Kürzungen gefallen lassen.

Die gekürzte Fassung der Übersetzung von Thomas Stauder wurde schließlich von Jean-François Viot autorisiert und den beiden Protagonisten Sabine Grant-Siedel (Élise) und Albrecht Sylla (Jean) vorgelegt. Beide waren gerührt und ergriffen und freuten sich sehr auf die Inszenierung, an der sie dann maßgeblich beteiligt waren.

Natürlich lag es nahe, den Text als Lesung zu inszenieren, obwohl im Ensemble darüber diskutiert wurde, ob man auch eher theaterhafte Elemente einfließen lassen sollte. Schließlich entschied man sich für eine von mir so genannte „theatrale Lesung".

Jeder, der schon einmal eine „reine" Lesung etwa in einer Stadtbibliothek mitgemacht hat, weiß, wie furchtbar anstrengend eine solche Veranstaltung werden kann, besonders dann, wenn der Autor oder die Autorin schlechte Leser sind. Aus den Erfahrungen des ab:art-theaters hatten wir gelernt, dass ein Text durch Bilder oder auch kleine Filmeinspielungen und vor allem durch Musik ungeheuer intensiviert werden kann.

Wir entschieden uns für die höchst eindrucksvollen Schwarz-Weiß-Verdun-Bilder des Aschaffenburger Fotografen Rainer Wohlfahrt (aus seinem Bildband *Ceux de Verdun*), die die übrig gebliebenen, riesigen, grauenvollen und vollkommen menschenleeren Landschaftsnarben dieses erbitterten Stellungskrieges zeigen: verfallene Schützengräben, überwucherte Bunkerreste, unterirdische Festungsanlagen, menschliche Schädel und Gebeine und die unendlichen Reihen gesichtsloser Kriegsgräber.

Auf Empfehlung des Kulturamtsleiters sprach ich dann die junge Cellistin Lisa Gerlach an. Zusammen wählten wir das Prélude der Cello-Suite Nr. 2 in d-Moll von Johann Sebastian Bach.

Das ab:art-theater ist bekannt für seine kargen, minimalistischen Bühnenbilder. Und so bestand das *Élise*-Bühnenbild aus einem Podest, einem kleinen Tisch und zwei Stühlen, auf denen die beiden Protagonisten eng einander gegenüber saßen. Rechts von ihnen Lisa Gerlach, die in den Lesepausen zu den riesengroßen wechselnden Bildprojektionen die ungeheuer bewegende Bachmusik vortrug.

Wir waren sehr überzeugt, dass der Premierenabend am 28. 11. 2015 gut werden würde. Aus Belgien angereist war der Autor Jean-François Viot mit Anhang und aus Augsburg stieß Thomas Stauder dazu.

Trotz zweier Stunden mit Pause war der Abend ein überwältigender Erfolg. Das Theater war voll und das Konzept ging auf: Ein starker Text, befördert und aufgeladen durch die wunderbare Vortragskunst von Sabine Grant-Siedel und Albrecht Sylla, die zwischendurch zusammen mit den Zuschauern, im Dämmer der Scheinwerfer, der großartigen Musik lauschen durften.

Am Ende dann ein Beifall, der schöner nicht sein kann. Zunächst Stille, vielleicht eine halbe Minute lang. Betroffenheit. Dann ein erstes schüchternes Klatschen, dem sich mehr und mehr Hände hinzugesellen, und das dann übergeht in immer lauter werdenden Beifall und Bravo-Rufe. Drei, vier Vorhänge und schließlich Blumen.

Danach im Theater-Restaurant zeigen sich Autor und Übersetzer zutiefst beeindruckt und glücklich. Und dann klingen die Gläser.

Heinz Kirchner,
Aschaffenburg im Juli 2016

Briefe an Élise

Personen

Jean Martin, Volksschullehrer

Élise Martin, seine Ehefrau

Die Gestaltung des Bühnenraums wird der
Einschätzung des Regisseurs überlassen.

JEAN, *schreibend*

Élise,

ich bin gut im Depot angekommen. Wir haben nicht gefaulenzt. Die Rucksäcke. Die Gewehre. Die Patronen. Dann die ärztliche Untersuchung. Der Doktor hat meine Brille herunter genommen. Ich sah überhaupt nichts mehr. Heute Nachmittag: praktische Übungen. Stell' dir einmal das Bild vor. Eine Kompanie, die seit neun Jahren nicht mehr im Manöver war! Außerdem habe ich einige Kameraden wieder getroffen. Victor Bergogne. Gaston Chabrier. Und Henri Pinson, den wir den Kolibri nannten, wegen seines Namens und weil er immer sang. Er hat zwei Kinder. Wie wir!

ÉLISE, *antwortend*

Wie plötzlich das alles geschehen ist! Das Sturmgeläut der Glocken, die Aufregung im Dorf und der Ausrufer, der laut von seinem Blatt abliest. „Der Krieg ist ausgebrochen!" Der Krieg? Was? Welcher Krieg? Ein Kuss. Du gehst durch den Garten. Eine kleine Abschiedsgeste, und dann bist du schon weg.

JEAN

Wir hatten Schießübungen. Ich habe fleißig mitgemacht! Aufgrund meiner Augenprobleme habe ich mit keiner einzigen Patrone ins Schwarze getroffen! Anschließend durften wir in die Stadt gehen. Wir haben uns auf der Terrasse eines Cafés niedergelassen; außer mir waren noch Victor, Gaston und der Kolibri dabei. Die Gäste dort waren sehr nett zu uns. Sie klopften uns auf die Schultern und luden uns auf ihre Kosten zum Trinken ein, wobei sie „La Marseillaise" sangen. Du kannst dir gar nicht vorstellen, wie viel Patriotismus zum Vorschein kommt, wenn man etwas Wein getrunken hat!

ÉLISE

Ich habe die Zeitungen gelesen, um ein wenig von dem Ganzen zu verstehen. Was für eine komplizierte Geschichte! Serbien ist ja eigentlich schon seit einigen Jahren mit Österreich zerstritten. Wieso hat denn Frankreich etwas damit zu tun? Wie kann das sein?

JEAN

Offenbar ist das so wie in einem Dominospiel. Du bringst einen Stein zum Fallen, und die anderen Steine folgen nach. Der erste war Österreich. Österreich erklärt Serbien den Krieg. Serbien wird aber von Russland beschützt, weshalb Russland nun seinerseits in den Krieg eintritt. Deutschland ist verbündet mit Österreich, nimmt also auch am Krieg teil. Frankreich ist verbündet mit Russland, weshalb auch Frankreich zum Kriegsteilnehmer wird. Nun ja, meiner Meinung nach wird es aber keine echten Gefechte geben.

ÉLISE

Wir haben auf dem Markt Madame Aubert getroffen. Hast du das schon gewusst? Drei von ihren Söhnen sind bei der Armee. Sie würde sich freuen, wenn du es sie wissen lassen könntest, sobald du etwas von ihnen hörst.

JEAN

Die Aubert-Brüder sind schon losmarschiert. Bei mir geht es morgen los. Deutschland hat Belgien überfallen: Da werden wir uns wohl verteidigen müssen. Ich habe noch einmal darauf hingewiesen, dass ich schlecht sehe. Man hat mir geantwortet: „Das macht nichts, Herr Lehrer! Du musst nur in Richtung der feindlichen Menschenmenge schießen!"

ÉLISE

Die Gendarmen sind zu uns ins Dorf gekommen. Sie haben verlangt, dass man ihnen die Pferde zeigt. Arthur musste Météore herbeiführen. Er folgte mir mit zögerlichen Schritten; in der Hand den Zügel, betrachtete er sein Pferd mit feuchten Augen. Glücklicherweise fanden die Gendarmen, dass Météore nicht kräftig genug sei. Aber Opa hatte weniger Glück. Sie haben sein Zugpferd mitgenommen. Ich habe deinen Vater nicht mehr wiedererkannt. Sonst immer die Ruhe selbst, beschimpfte er die Gendarmen und den Bürgermeister, der ihm zu erklären versuchte, das sei ein Opfer für Frankreich. Arthur war da ganz lieb: „Hier, Opa. Météore wird dir helfen!"

JEAN

Das muss man schon zugeben. Es ist schon beeindruckend, wenn einem eine Menschenmenge zujubelt! Was für eine Begeisterung! Fahnen, Blumen, Rufe mit „Bravo" und „Hurra"! Und dann scheint dazu noch die Sonne. Ah! Wie schön das ist! Wie schön das ist, wenn sich ein ganzes Land vereint erhebt!

ÉLISE

Camille und Arthur schicken dir einen Koffer voller Küsse für die Reise.

JEAN

Ich befinde mich im Erste-Klasse-Abteil der Eisenbahn auf einer weichen Sitzbank! Nein, das war nur ein Scherz. Wir sitzen im Viehwaggon auf unseren Rucksäcken. Es ist zwar ein bisschen eng hier, aber wir bieten bestimmt einen lustigen Anblick. Lieder, flotte Sprüche und voran geht's! Nun ja, es gab einen kleinen Streit. Da ist so ein Kerl bei uns. Étienne. Er besucht die Universität. Er ist zwar intelligent, aber nicht sehr gewandt. Er hat gesagt, dass der Krieg absurd sei. Daraufhin ist Victor explodiert: „Du könntest wenigstens ein bisschen Patriotismus zeigen, du Schlappschwanz! Wir werden angegriffen! Sollen wir uns das gefallen lassen? Wenn wir uns nicht verteidigen, dann kommen sie bis in dein Dorf, und massakrieren dort deine Mutter, deine Frau und deine Kinder!" – „Du hast mich nicht verstanden", war Étiennes Antwort darauf. „Immerhin habe ich einen Teil meines Studiums in Deutschland verbracht. Ich kenne also die Deutschen. Und ich will dir etwas sagen. Sie sind raffinierter als du." Da ist Victor völlig durchgedreht vor Wut. Er hat Étienne am Kragen gepackt und ihn gegen die Waggonwand gedrückt: „Halt die Klappe! Du gehst mir auf den Sack! Wir geben ihnen eines auf die Fresse, kapierst du? Und in sechs Wochen können wir dann in Berlin gemeinsam darauf anstoßen! Und komm besser nicht auf die Idee, zu kneifen, sonst werde ich dich dafür zur Rechenschaft ziehen." Der Kolibri hat sie voneinander getrennt. Es wurde wieder still im Waggon. Jeder hat für sich darüber nachgedacht.

Nach einer kleinen Pause.

Sehr viel Spaß macht es mir nicht, an die Front vorzurücken. Aber naja. Was sein muss, muss sein. Und dann sage ich mir auch, dass ich das tue, um dich zu beschützen. Um Camille und Arthur zu beschützen.

ÉLISE

Ich bin zum Schloss gegangen, um Holz zu kaufen. Als wir bereits in der Allee waren, kam dort der Wagen der Gräfin vorbei. André war am Steuer. Du würdest ihn nicht wiedererkennen. Das ist jetzt ein strammer Bursche von einundzwanzig Jahren, robust wie eine Eiche. Er erinnert sich noch sehr genau an dich, wie du ihm früher geholfen hast… Er hat mich nach dir gefragt. Ich habe ihm erzählt, dass du eingezogen worden bist. Als ich mein Verwundern äußerte, dass er hingegen noch in Zivil sei, hat mich die Gräfin unterbrochen: „Wissen Sie, André war letztes Jahr leider sehr krank… Wenn er völlig wiederhergestellt ist, wird er sich gleich zur Front begeben!"

JEAN

Wir sind jetzt in Belgien. Der Ort heißt Dinant. Wie die Stadt in der Bretagne, aber mit einem „t" am Ende.

ÉLISE

Dinant mit einem „t". Gut. Wir haben nachgeschaut, wo das ist. Ich bin dafür extra in die Schule gegangen, um mir von dort eine Landkarte zu holen.

JEAN

Bis jetzt ist der Krieg für mich nur eine Art Picknick in freier Natur. Dabei bekomme ich viele für mich völlig neue Dinge zu sehen. Das ist sehr interessant. Außerdem haben wir viel Spaß in unserem Freundeskreis. Man kann wirklich sagen, dass die Regierung uns kostenlos eine tolle Reise ermöglicht.

ÉLISE

Die Getreideernte ist gerettet. Das ganze Dorf hatte Probleme mit dem Einbringen der Ernte; da hat der Bürgermeister vorgeschlagen, dass wir uns gegenseitig helfen. „Aufgestanden! Ersetzen wir auf dem Feld der Arbeit all jene, welche ins Schlachtfeld gezogen sind!" Jeder hat sich beteiligt. Die Alten, die Frauen. Sogar die Kinder.

JEAN

Die Belgier sind charmant zu uns. Sie geben uns Bier und würzige Pfannkuchen. Die Neuigkeiten, die uns erreichen, sind ebenfalls optimal. Die Deutschen sind offenbar schon in Auflösung befindlich! Sechs von uns nehmen es mit vierzig von ihnen auf. Merk dir das gut, meine kleine Élise, spätestens zur Zeit der Weinernte werde ich wieder zum Abendbrot zuhause sein.

ÉLISE

Louise, deine Schwester, ist gerade aus Reims angekommen. Dein Patenkind Félicien ist auch dabei. Louise sagt, dass die Teutonen mit erschreckender Leichtigkeit nach Frankreich vordringen. Es soll unmöglich sein, sie aufzuhalten. Ich habe ihr deinen Brief gezeigt, aber sie zuckte nur mit den Schultern.

JEAN

Wir hatten ein großartiges Erlebnis. Ein Sergeant hat uns zu-
sammengerufen, um an uns zu appellieren. Für diesen Anlass
hatte er eine kleine Rede voller moralischer Gebote verfasst. Er
brüllte: „Vorwärts, vorwärts! Es stimmt, dass wir alles aufge-
ben mussten, um unsere Familien zu verteidigen! Es stimmt,
dass wir die Pflicht haben, uns für Frankreich zu opfern! Aber
wir sind nicht die Ersten! Vor uns gab es schon Vercingetorix!
Vercingetorix, der sich lieber von den Römern töten ließ, als
aufzugeben!" Du kannst mir glauben. So hat er wirklich gere-
det.

ÉLISE

Um noch einmal auf deine Schwester zurückzukommen, so
hat sie bisher keine Nachricht von Paul erhalten. Er wurde am
selben Tag wie du eingezogen. Sie hofft, dass er nur gefangen
genommen wurde.

JEAN

Ich werde mich bezüglich Pauls erkundigen. Vielleicht gelingt
es mir, etwas zu erfahren.

ÉLISE

Heute beginnt für Camille ihr erstes Schuljahr. Sie wäre in
deine Klasse gekommen. Monsieur Minard hat alle Kinder bei
sich versammelt, die zwei Klassen. Es wird keinen Stellvertre-
ter für dich geben. Camille sieht ganz entzückend aus mit ihrem kleinen Schulranzen und ihren beiden Zöpfen. Ich werde
mich mit ihr nach Clermont begeben, um dort eine Porträtauf-
nahme von ihr anfertigen zu lassen.

JEAN

„Vorwärts, vorwärts"???! Der hat leicht reden mit seinem „vorwärts"! Zurück, so sieht es aus! Die Teutonen sind dabei, alles zu überrennen. Lüttich, Brüssel, Antwerpen, Valenciennes, Lille. Ah! Louise hat völlig recht gehabt, Reims zu verlassen. Wir müssen immer weiter zurückweichen. Kannst du dir vorstellen, dass mittlerweile sogar Paris gefährdet ist?

ÉLISE

Jean, ich bedaure es, dir dies in einem Brief mitteilen zu müssen, aber der Doktor ist sich sicher: Du wirst in einigen Monaten zum dritten Mal Vater.

JEAN

Ich kann es kaum glauben! Glückwunsch! Hast du dir schon einen Vornamen überlegt?

ÉLISE

Ein Vorname...? Oh! Hmm... Wenn es ein Junge ist, ...

Gemeinsam.

JEAN und ÉLISE

Baptiste, wie *(Jean:)* dein *(Élise:)* mein *(alle beide:)* Vater...

ÉLISE

Ja. Und wenn es ein Mädchen ist, dann Jeanne wie du.

JEAN

Ich habe die Feuertaufe erhalten! So einen Lärm hatte ich noch nie zuvor gehört. Es war wirklich höllisch. Kurzum, mir geht es gut. Bis jetzt war ich noch nicht in Lebensgefahr.

ÉLISE

Louise hat eine Arbeit gefunden. Stell dir vor, dass die Dienerin der Gräfin von einem Tag auf den anderen das Schloss verlassen hat. Louise ist zufrieden. Sie fängt morgen an.

JEAN

Ah! Zum ersten Mal weichen die Deutschen zurück. Der Kampf könnte ein wenig länger dauern als ursprünglich erwartet, aber wir haben die Hoffnung noch nicht aufgegeben, bis Weihnachten alles hinter uns zu haben.

ÉLISE

Deine Briefe kommen hier nur sehr langsam an und nicht immer in der richtigen Reihenfolge. Aber wir gehen täglich zum Rathaus, um zu sehen, ob es Mitteilungen gibt, die dich betreffen. Sie hängen dort kleine Nachrichtenzettel neben der Tür auf. Und dann gibt es auch noch das Café.

JEAN

Das Café?!

ÉLISE

Aber ja doch! Das Café! Die kleine Kneipe, in die sich eine Frau nie hinein getraut hätte! So sauber wie jetzt hast du sie noch nie gesehen! Der Inhaber musste an die Front, und nun ist es die Inhaberin, die das Ganze am Laufen hält. Die angebotenen Speisen und Getränke wie auch die Öffnungszeiten haben sich ein wenig verändert. Den Rotwein hat sie durch Kräutertees ersetzt und sie öffnet erst, wenn die Schule zu Ende ist. Du kannst es mir glauben, das funktioniert ganz gut!

JEAN

In *unserer* Kneipe?!

ÉLISE

Oh! Wir vertreiben uns dort die Zeit auf ganz andere Weise, als ihr das getan habt. Wir versuchen, zu erraten, wo ihr gerade seid. Wir diskutieren darüber, wie lange das alles noch dauern wird. Wir lesen auch die Zeitungen. Und überdies habe ich einen kleinen Arbeitskreis gegründet. Weißt du, es gibt es viele Frauen, die nicht richtig schreiben können, oder die sich das nicht zutrauen. Deshalb schreiben wir nun zusammen. Was es dabei Schönes zu beobachten gibt, das ist diese Fülle von Liebe, die euch gegenüber ausgedrückt wird. Die Briefe von Madame Aubert an ihre Söhne finde ich am ergreifendsten. Sie benötigt meine Hilfe gar nicht, kommt aber trotzdem. Einfach, um mit uns zusammen zu sein.

JEAN

Wir haben die Mitternachtsmesse in einer Kirche gefeiert, die für uns viel zu klein war. Henri hat das Weihnachtslied „Minuit, chrétiens" zunächst allein gesungen. Dann die Belgier im Chor, richtig gut. Als wir herauskamen, waren dort englische Soldaten. Ich habe ihnen zugerufen: „Good Christmas!" Und sie haben mir geantwortet: „No. No. Not good." Das war das Wort des Abends: Christmas. Soviel für heute.

ÉLISE

Du bist nie gerne in die Messe gegangen, aber glaube mir, jene, die wir gestern hier gefeiert haben, hätte auch dich berührt. Der Pfarrer hat die Namen aller Männer aus dem Dorf vorgelesen, die in den Krieg ziehen mussten. Und alle haben geweint. Mit der Ausnahme von André. Er saß in der ersten Reihe neben der Gräfin und drehte sich ständig nach Louise um. Wieso ist er überhaupt hier, während ihr an der Front seid?

JEAN

Ich glaube, dass wir bald nach Frankreich zurückkehren können. Die Engländer werden uns an diesem Frontabschnitt ablösen. Vielleicht kann ich euch dann in Kürze besuchen.

ÉLISE

„Papa, wir wünschen dir ein glückliches Jahr 1915 und viel Mut." Das stammt von Camille. Sie wollte es selbst schreiben. Sie hat auch die Zeichnung angefertigt. Es soll uns vier darstellen, und in meinen Bauch hat sie die kleine Jeanne gemalt. Ich glaube, Camille hätte am liebsten eine kleine Schwester.

JEAN

Euch ein gutes Jahr 1915. Wir werden sie besiegen! In der Nähe haben wir sie schon, genau uns gegenüber. Könntest du mir bitte ein Buch schicken? Die „Odyssee". Und auch ein bisschen Geld... Wir erhalten nur sehr wenig Wein zugeteilt.

ÉLISE
Trinkst du?!

JEAN
Ich werde es dir erklären.

ÉLISE
Du verträgst doch gar keinen Alkohol!

JEAN
Das wärmt mich aber von innen! Und außerdem ist das Essen hier auch nicht so toll. Wenn ich graben muss, bekomme ich Hunger. Und wir tun hier nichts anderes, als ständig in der Erde zu graben! Erdlöcher und Schützengräben, von morgens bis abends.

ÉLISE
Ich habe in das Päckchen mit der „Odyssee" auch ein Brot und eine Wurst gelegt. Und außerdem einen Zwanzig-Francs-Schein in das Buch, an der Stelle, wo von der Rückkehr des Odysseus die Rede ist.

JEAN
Hier in der Umgebung gibt es Unmengen von Wild. Rebhühner, Kaninchen, Ringeltauben. Ich bin zusammen mit Victor

und Gaston auf die Jagd gegangen. Vor einigen Abenden haben wir mit einem von uns erlegten Kaninchen ein Bankett organisiert. Henri hat den Käse beigesteuert, den er erhalten hatte, Victor hat Wein mitgebracht, und ich habe mit den beiden das Brot geteilt, das du mir geschickt hattest. Was für ein Festessen! Wir befanden uns in einer alten Dorfwirtschaft, die völlig zerstört war. Immerhin gab es dort ein Klavier, das heil geblieben war; es war zwar ein wenig verstimmt, konnte aber trotzdem als Begleitung zu Henris Gesang dienen. Am Ende des Abends erhielten wir dann noch ein kostenloses Feuerwerk, das uns die Deutschen spendierten.

ÉLISE
Wir haben gerade eine schreckliche Nachricht erhalten. Clément Aubert ist gefallen. Im Alter von zwanzig Jahren! Als Madame Aubert mir es mitgeteilt hat, konnte ich es kaum glauben.

JEAN
Gefallen?! Was?

ÉLISE
Madame Aubert hat eine Benachrichtigungskarte erhalten, auf der nur wenige Worte standen. Trotzdem hat sie bewundernswert würdevoll reagiert. Der Pfarrer hat eine besonders schöne Totenmesse gelesen und der Bürgermeister hat eine meisterhafte Rede über die Opferbereitschaft gehalten. Wir waren mehr als dreihundert Trauergäste. Aber es ist nicht leicht, des Toten an einem leeren Sarg zu gedenken.

JEAN

Wir hatten hier einen Heidenspaß! Wir schliefen in einer Scheune. Plötzlich hörten wir die Stimme des Leutnants. „Chabrier! Gaston Chabrier! Satteln Sie mein Pferd!" Aber wir sahen nichts, überhaupt nichts! Es war stockfinster und wir hatten weder eine Kerze noch Streichhölzer. Gaston gelang es, tastend den Sattel zu ergreifen; anschließend trug er diesen im Dunkeln in die Richtung, wo er das Pferd vermutete, und warf ihn über den Körper des Tieres. Wir hörten einen völlig unerwarteten Laut: „Muuuh!" Gaston war dabei, eine Kuh zu satteln! Das Pferd stand hinter dieser! Danach konnten wir nicht mehr einschlafen. Wir stellten uns den Leutnant dabei vor, wie er beim Führungsstab des Heers… auf einer Kuh vorgeritten kam. Und wir haben alle darüber gelacht, aber wie! Die ganze Nacht lang. Zwar versuchten wir, einzuschlafen, aber irgendeiner von uns musste dann doch immer wieder lachen.

ÉLISE

Es schneit. Der Briefträger kommt nur noch jeden dritten Tag bei uns vorbei. Wundere dich also nicht, wenn du weniger Nachrichten von mir erhältst als sonst.

JEAN

Jetzt ist es hier nicht mehr so lustig. Jetzt sind wir wirklich an der Front. Zum Glück haben die Deutschen die Gewohnheit, nicht genau zu zielen, wenn sie auf uns schießen. Ich habe mit einigen von unseren Jungs gesprochen, die vom Kampfeinsatz zurückkehrten. Einer von ihnen hat mir gesagt: „Es ist wie bei der Kaninchenjagd, nur dass wir hier auf Deutsche schießen statt auf Kaninchen."

ÉLISE

Herzlichen Glückwunsch zum Geburtstag, Jean.

JEAN

Ah! Das war eine ganz besondere Art von Geburtstag. Losgezogen sind wir im Morgengrauen. Je weiter wir uns vom Truppenlager entfernten, desto mehr zerstörte Dörfer sahen wir. Jetzt marschierten wir nicht mehr ungeordnet. Ah! Nein. Jetzt liefen wir einer hinter dem anderen, schön in einer Reihe und immer in der Nähe einer Böschung. Nun hätte uns auch der Leutnant auf einer Kuh nicht mehr zum Lachen gebracht. Als wir das letzte Dorf hinter uns gebracht hatten, begannen die Verbindungsgräben. Wir sind noch drei Kilometer weitermarschiert. Nun waren wir bei den Befestigungsanlagen der zweiten Linie. Ein Teil unseres Zugs machte hier Halt, aber wir liefen weiter. Bis zum allerletzten Verbindungsgraben. Und bis zum einzig wahren Schützengraben. Sozusagen ein Fünf-Sterne-Schützengraben. Der einzige mit direktem Ausblick auf die Teutonen.

ÉLISE

Und wie ist es dort?

JEAN

Ein achtzig Zentimeter breiter Graben, mit Unterständen aus Wellblech. Zur Seite der Deutschen hin gibt es Schießluken, die durch Sandsäcke geschützt sind. Zwischen ihnen und uns, ein Spinnennetz aus Stacheldraht. Ich muss hier sechs Tage lang bleiben. Dann werden wir abgelöst von Kameraden, die bis dahin in der zweiten Linie ausgeharrt haben.

ÉLISE

Arthur und Camille erkundigen sich, ob du ihnen wohl ein Foto schicken könntest.

JEAN

Von wem? Von was?

ÉLISE

Von dir. Von deinen Freunden. Vom Schützengraben...

JEAN

Fotos sind verboten. Auch in der Stadt dürfen wir uns nicht fotografieren lassen. Einer unserer Kameraden hat dies gewagt und hat dafür eine Woche Haft kassiert. Ich habe stattdessen kleine Skizzen angefertigt und auf die Rückseite dieses Briefes habe ich einen Lageplan gezeichnet. Wie läuft es in der Schule?

ÉLISE

Ich habe etwas mehr Arbeit als normal. Monsieur Minard schickt die schwierigen Fälle alle zu mir. Ich versuche, mich nicht zu überanstrengen, denn durch die Schwangerschaft werde ich nun ohnehin schneller müde.

JEAN

Élise, ich habe gerade erfahren, dass Väter von sechs Kindern künftig nicht mehr an der Front eingesetzt werden. Könntest du nicht vielleicht Vierlinge bekommen?

ÉLISE

Camille hat ihr erstes Zeugnis erhalten. Ihr werden darin sehr gute Leistungen bescheinigt. Monsieur Minard ist sehr zufrieden mit ihr. Sie erweist sich in der Schule als ihres Vaters würdig.

JEAN

Und Arthur?

ÉLISE

Arthur... hat einige kleine Schwierigkeiten mit dem Teilungsrechnen.

JEAN

Wir kehren jetzt in die zweite Linie zurück. Wir sind erschöpft. Ich glaube, ich werde schlafen wie ein Stein.

ÉLISE

Wirst du uns besuchen können? Weißt du, Sébastien und Émile Aubert haben Heimaturlaub erhalten und konnten auf diese Weise ihre Mutter wieder sehen.

JEAN

Den Antrag habe ich schon gestellt! Allerdings bin ich nicht der Einzige! Sébastien und Émile haben aufgrund des Tods ihres Bruders sicher eine vorrangige Bewilligung erhalten. Hier bei uns hat Gaston die Erlaubnis für einen Heimaturlaub bekommen, weil sein Geschäft zuhause gerade sehr schlecht läuft. Bitte schau auch auf die Rückseite dieses Briefes, wo du eine Übung für Arthur findest.

Arthur

Eine Artilleriegranate kostet dreitausend Francs.

Ein Soldat verdient achtzig Centimes pro Tag.

Wie viele Tage muss ein Soldat am Leben bleiben, um so viel wert zu sein wie eine Granate?

ÉLISE

3750 Tage. Um genauso viel zu kosten wie eine Granate, müsste ein Soldat mehr als zehn Jahre an der Front ausharren.

JEAN

Sehr gut.

Nach einer Weile.

Gaston ist vom Heimaturlaub zurückgekehrt. Drei Tage lang hat er gar nichts gesagt. Auf unsere neugierigen Fragen hin ist es dann aber schließlich doch noch aus ihm herausgebrochen. „Erwähnt bloß das Wort Heimaturlaub nicht mehr! Meine Frau ist eine echte Schlampe. Eine Nuttenschlampe. Während ich hier an der Front krepiere, amüsiert sich Madame bei mir zuhause. Sie wirft mein Geld hinaus und mein Geschäft steht vor dem Bankrott. Alles ausgegeben für Kleider und Hüte! Außerdem bin ich sicher, dass sie mich mit einem anderen Mann betrügt, jawohl. Ihr reicht es nicht, dass ich vom Krieg ohnehin schon innerlich gebrochen bin! Ich wünsche ihr nun auch den

Tod an den Hals." Das hat unsere Stimmung auf den Tief-
punkt gedrückt... Jeder von uns dachte an seine Verlobte oder
an seine Ehefrau. Du bleibst mir doch treu, nicht wahr, Élise?

Er schaut Élise fragend an.

JEAN
Élise?

Nach einer Weile.

Von Madame Aubert, an Monsieur Jean Martin
Herr Lehrer, es ist ein Mädchen. Sie wurde am 13. April gebo-
ren. Sie heißt Jeanne. Mutter und Kind sind wohlauf.

Nach einer Weile.

Meine Jeanne! Meine Jeanne! Meine kleine Jeanne! Élise, sage
mir, wie sieht sie aus? Welche Farbe haben ihre Augen? Ist sie
hübsch? Sieht sie dir ähnlich? Und du, wie geht es dir? Wer
kümmert sich jetzt um Arthur und um Camille? Du musst ihr
viel Liebe geben, doppelt so viel wie sonst. Sag ihr, dass ich sie
genauso stark liebe wie dich. Oh! Du brauchst mir nicht zu ant-
worten, wenn du zu schwach bist. Es reicht, wenn ich all das
später erfahre. Was für ein Glück, dass es ein Mädchen geworden ist! Ihr wird es wenigstens erspart bleiben, mit dem
Grauen des Krieges konfrontiert zu werden. Jeanne! Weißt du,
ich habe es schon dem Kolibri erzählt, und Victor, und Gaston,

und Étienne. Ich erzähle es allen, denen ich begegne. Wenn General Joffre hier vorbeikommen würde, dann würde ich ihm um den Hals fallen und es ihm erzählen.

ÉLISE

Jeanne ist ein sehr hübsches Kind. Sie hat die Grübchen von ihrem Vater. Ich habe ihr einen Kuss von dir gegeben. Sie lächelt die ganze Zeit. Glücklicherweise kann ich auf die Unterstützung von Louise zählen, die mir tausend kleine Dinge abnimmt, bei der Essenszubereitung und beim Waschen. Du brauchst dir keine Sorgen um mich zu machen. Mir geht es gut. Ich komme langsam wieder zu Kräften. Ein Kuss für dich.

JEAN, *verrückt vor Freude.*

Ich habe sie! Ich habe sie! Ich habe sie!

ÉLISE

Was denn?!

JEAN

Die Bewilligung des Heimaturlaubs! Ich komme!

Man hört das Geräusch eines vorbeifahrenden Zugs.

JEAN

Wie groß Arthur geworden ist! Wie gut Camille schon schreiben kann! Und wie süß die kleine Jeanne lächelt. Wie schön war es doch, deine braunen Locken wieder zu sehen, und deinen schlanken Hals, und deine zarten Hände. Auch die Schule, mit dem gütigen Gesicht von Monsieur Minard. Und meine kleinen Schüler, die so respektvoll zu mir aufblickten. Und die künftige Ernte auf den Feldern meines Vaters. Und das Dorf, in dem alles seinen üblichen Gang ging. Wie schön das war!

ÉLISE, *in der Zeitung lesend.*

Hast du schon gehört, dass nun auch Rumänien und Italien in den Krieg eintreten? Wir hoffen, dass dies dazu beiträgt, euer Leiden zu verkürzen. Im Café können wir uns kein klares Bild von der Lage verschaffen. In manchen Zeitungen steht, dass ihr vorrückt, in anderen, dass ihr zurückweichen müsst. Was davon stimmt denn?

JEAN

Was stimmt, ist das wir angegriffen haben. Wie soll ich dir das beschreiben? Es war die Hölle. Ich hatte schreckliche Angst. Mein Herz klopfte in meiner Brust, als würde es zerbersten. Wir sind aus dem Schützengraben herausgestiegen. Wir sind aber weder gelaufen noch gerannt. Stattdessen machten wir Sprünge und legten uns anschließend flach auf den Boden. Dann wieder los, wieder ausgestreckt und ein weiterer Sprung. Auf einmal waren wir die Kaninchen. Mein Gott, Élise, ich kann dir nicht alles erzählen, was ich gesehen habe… Wenigstens bin ich noch körperlich unversehrt. Das gilt nicht für alle meine Kameraden. Victor wurde verletzt und… Gaston ist tot. Er ist unmittelbar neben mir zusammengebrochen. Wenn ich mich einen Meter weiter rechts befunden hätte, dann hätte es mich getroffen. Ich kann es nicht vermeiden, an seinen Zorn nach der Rückkehr vom Heimaturlaub zu denken. Ich sage mir, dass ich ohne dich und ohne die Kinder jetzt vielleicht schon nicht mehr leben würde. Ohne euch würde ich vielleicht denken: „Da ich ganz allein auf der Welt bin, kommt es auf mich nicht an." Dank euch bin ich aber noch am Leben. Denn ich weiß, dass es irgendwo ein paar Menschen gibt, die ich liebe und zu denen ich zurückkehren möchte. Ich glaube, dass solange wie ich mir eurer Liebe sicher bin, ich von keiner Kugel getroffen werde.

Für Arthur

Zu einer Kompanie gehören zweihundert Mann.

Nach hundert Tagen sind hundertfünfzig Mann außer Gefecht.

Wie viel Zeit muss vergehen, bis eine ganze Kompanie verschwunden ist?

ÉLISE

Hundertdreiunddreißig Tage und acht Stunden.

JEAN

Gut.

ÉLISE

Monsieur Minard wurde gestern einberufen.

JEAN

Oh! Dann muss es wirklich schlecht laufen, wenn bereits Leute im Alter von Minard einberufen werden!

ÉLISE

Das Problem ist, dass wir jetzt keinen Lehrer mehr haben. Der

Bürgermeister ist deswegen bei mir vorbeigekommen. Er behauptet, dass ich die Einzige bin, die euch beide ersetzen könnte. Was meinst du dazu? Glaubst du, dass ich dazu in der Lage wäre?

JEAN

Zweifellos. Du wirst das sehr gut schaffen. Wenn du willst, helfe ich dir dabei. Das wird für mich eine willkommene Abwechslung sein.

ÉLISE

Camille hat bestanden. Arthur auch. Anfangs hatte er noch Schwierigkeiten mit dem Teilen, aber dank der Übungen, die du ihm geschickt hast, hat er sich verbessert.

JEAN

Glückwunsch, Arthur. Auch für dich, Camille. Ich habe eine Überraschung für euch! Ihr habt doch ein Foto von mir verlangt! Nun gut, wir haben es geschafft, eines anfertigen zu lassen. Der große kräftige Kerl ganz vorne, das ist Victor. Hinter ihm steht Étienne, unser Intellektueller.

ÉLISE

Und in der Mitte stehst du.

JEAN

Der Letzte auf dem Bild ist Henri Pinson, unser Kolibri.

ÉLISE

Wir schicken dir auch ein Foto von uns. Wir haben meine Mutter besucht, um ihr Jeanne zu zeigen, und sie wollte bei dieser Gelegenheit unbedingt ein Familienporträt aufnehmen lassen.

JEAN

Über das Familienfoto habe ich mich sehr gefreut. Deine Eltern sind noch gut in Form. Meine drei Kinder sehen alle sehr hübsch und liebenswert aus. Und du... Du siehst sehr verführerisch aus, ich würde dich gerne küssen!

ÉLISE

Ich gebe jetzt wieder Unterricht. Das ging nicht anders. Jetzt habe ich weniger Zeit zum Briefeschreiben.

JEAN

Zeit haben wir hier genug. Wenn ich daran denke, dass wir letztes Jahr glaubten, bis Weihnachten alles hinter uns zu haben! Und jetzt beginnt bereits der zweite Kriegswinter!

Jean nimmt ein Paket in die Hand.

ÉLISE

Im Café haben wir einen neuen Arbeitskreis ins Leben gerufen. In ihm haben wir Strümpfe für euch gestrickt.

JEAN, *erstaunt, öffnet das Paket und sieht seinen Inhalt.*
Hä?!

ÉLISE

Wir haben alle Wollknäuel zusammengetragen, die jede von uns noch zuhause hatte.

Er nimmt aus dem Paket einen mehrfarbig gestreiften Strumpf heraus.

JEAN

Das ist originell... Mussten es aber so viele Paare sein?! Die Strümpfe haben für unsere ganze Sektion gereicht und jetzt fällt es dem Leutnant nicht mehr schwer, seine Männer gleich zu erkennen. Wer diese mehrfarbigen Strümpfe anhat, gehört zu unserer Sektion. Das ist schon heftig. Wie bei einer Fußballmannschaft.

Plötzlich etwas beunruhigt.

Der Oberst höchstpersönlich hat mich zu sich bestellt. Er stammt aus dem Norden. „He! Sag mal, Martin, ist das deine Frau, die diese Ssstttrrrrümpfe hergestellt hat?" „Ssstttrrrrümpfe?" *(Erst jetzt versteht er, was er meint.)* „Ah! Strümpfe! Jawohl, Herr Oberst! *(stolz)* Es sind Strümpfe aus der Auvergne! In ihnen ist es so heiß wie in einem Vulkan!" Daraufhin hat er verlangt, ebenfalls ein Paar zu erhalten.

ÉLISE

Wir hatten schon ein wenig befürchtet, dass vierzig Paare eventuell zu viel sein könnten. Aber es hat uns Spaß gemacht, zusammen zu sitzen und dabei über euch zu sprechen. Man plaudert, und mit dem Stricken geht es derweil voran wie von selbst.

JEAN

Es war eine gute Idee, uns diese Strümpfe zu schicken. Denn hier ist es eisig kalt. Fünfzehn Grad unter null. Alles ist gefroren: Das Fleisch. Das Brot. Sogar der Wein gefriert in den Trinkflaschen. In der Nachbarsektion wurden Kameraden von uns wegen Frostverletzungen an den Füßen evakuiert. Bei uns kann dies aber nicht passieren, denn wir haben „Ssstttrrrümpfe" aus der Auvergne. Dabei wäre eine Evakuierung vielleicht gar nicht so schlecht gewesen. Was für ein Traum: Das Krankenhaus! Könntet ihr uns trotzdem noch farblich zu den Strümpfen passende Schals schicken?

ÉLISE

Sicher! Das erledigen wir gleich für euch!

JEAN

Élise?

ÉLISE

Mmm?

JEAN

Ungefähr zehn Stück werden uns reichen.

ÉLISE

Fehlt dir sonst noch etwas?

JEAN
Rate einmal.

Eine Pause. Er summt Für Elise *von Beethoven.*

Pffff! Wie langweilig es hier ist! Es passiert überhaupt nichts. Nichts, nichts, nichts. Wir schlagen hier nur die Zeit tot.

Er summt wieder. Nach kurzem Nachdenken.

Naja, letzten Endes ist das weniger schlimm, als Teutonen tot zu schlagen.

Er summt erneut.

Hier geschieht so wenig, dass Victor beschlossen hat, einen Musterbrief zu verfassen. Darin steht: „Alles in Ordnung. Mir geht es gut. Victor." Dann hat er noch eine Stelle für das Datum freigelassen und sich den Brief anschließend vervielfältigen lassen. So hat er künftig weniger Arbeit damit, denn er schreibt nicht gerne. Was mich betrifft, so würde ich lieber alles immer wieder mit der Hand schreiben, auch wenn es hundertmal das Gleiche wäre. Denn ich denke dabei immer an dich.

Er summt wieder.

Das ist komisch. Diese kleine Melodie geht mir nicht aus dem Kopf. Meine Tante spielte sie immer auf dem Klavier, als ich ein kleiner Junge war. Vielleicht habe ich dich deshalb gleich geliebt.

Er summt und plötzlich wird ihm etwas klar.

Beethoven! Ein Teutone!

ÉLISE
Die regionale Schulverwaltung hat eine große Spendenaktion für euch ins Leben gerufen. Ich habe den Zeugnissen kleine Umschläge beigefügt und jeder konnte so viel geben, wie er wollte. Und tatsächlich hat das ganze Dorf etwas gespendet!

JEAN
Ah! Endlich! Jetzt ist etwas passiert! Wie du weißt, war vorgestern Weihnachten. Völlig unerwartet sahen wir eine weiße Flagge, die aus dem deutschen Schützengraben in die Höhe gehalten wurde. Die Teutonen riefen uns zu: „Kameraden! Kameraden!" Étienne übersetzte es für uns: *(halblaut und zur Seite)* „Camarades. Camarades." *(Die deutsche Aussprache des Französischen parodierend.)* „Fous fenir. Nous, ba faire brisonniers." Aber wir trauten ihnen nicht. Étienne sagte ihnen schließlich, es könnten doch sie kommen, und dass wir nicht auf sie schießen würden. Sie stiegen tatsächlich aus ihrem Schützengraben. Wir auch. Dann haben wir uns gegenseitig besucht. Sie haben uns Zigarren und Schokolade geschenkt. Wir haben ihnen Wein gebracht. Henri hat Kirchenlieder gesungen und ein Deutscher hat ihn auf der Mundharmonika begleitet. *(Man*

hört die Melodie von „Stille Nacht". Jean singt, ein wenig ungelenk, einen Teil des Lieds auf Deutsch, den anderen auf Französisch.)

Stille Nacht, Heilige Nacht!
Dans les cieux, l'astre luit.
Le mystère annoncé s'accomplit.

So haben wir also Weihnachten verbracht. Und heute... Heute schießen wir wieder aufeinander.

ÉLISE, *stockend, wie ein Kind, das gerade erst schreiben lernt.*
Papa, wir wünschen dir ein glückliches Jahr 1916 und viel Mut. Ich habe eine Zeichnung für dich angefertigt. Sie stellt deinen Leutnant dar, der auf einer Kuh reitet. Tausend Kusse. *(Aber sie korrigiert sich, mit Betonung auf dem Diphthong.)* Küsse. Camille.

JEAN
Euch ein gutes neues Jahr 1916. Wir werden sie besiegen! Sehr wahrscheinlich, zumindest.

Nach einer kurzen Pause.

Ich habe mit Victor und dem Kolibri einen Pakt abgeschlossen. Wir saßen beim Einbruch der Dunkelheit zusammen um das Feuer herum. Wir sprachen wieder einmal über den Tod von Gaston, und plötzlich sagte Victor: „Wisst ihr, der Gedanke, meine Frau ganz allein zurücklassen zu müssen, würde mich schmerzen... Falls also... Falls ich draufgehen sollte, dann wäre mir wohler, wenn ich wenigstens wüsste, dass sich einer von euch um sie kümmern wird. Ihr helfen wird, falls sie etwas braucht... So, als ob wir Brüder wären. Versteht ihr, was ich meine?" Alle verstanden sehr gut, was er damit sagen wollte. Étienne, der ein wenig entfernt von uns ein Buch las, hob den Kopf. „Was mich betrifft, so bin ich nicht verheiratet, muss aber für meine Mutter sorgen..." Es herrschte eine gleichzeitig schöne und traurige Stimmung. Jeder von uns dachte an einen Angehörigen in der Ferne, und stille Tränen flossen aus unseren Augen. Wir schauten uns durch die Funken des Lagerfeuers hindurch an. Wir verstanden uns auch ohne Worte.

ÉLISE

Dein Brief über das Lagerfeuer hat mich sehr berührt. Hier bei uns hat mir der Schulinspektor ein schönes Geschenk vorbei gebracht: Ein großes Paket mit Geschichtsbüchern, neuen Frankreich-Karten und sogar mit einem Comic von Bécassine!

JEAN
Super!

ÉLISE

Ja. Aber als ich schon anfing, alles einzuräumen, fügte er noch hinzu: „Ist Ihnen klar, dass wir von unseren Lehrern eine besondere Unterstützung erwarten? Im Krieg sind außergewöhnliche Anstrengungen nötig, und hier in der Schule wird die Einstellung der Kinder geformt." Ich war überrascht. Er zog ein Dokument aus seiner Aktentasche. „Die Schüler müssen im Geist der Vaterlandsliebe erzogen werden. Sie sollen sich der Überlegenheit unserer Kultur und unseres Volks bewusst sein. In diesem Dokument finden Sie eine Reihe von Übungen, mit Hilfe derer Sie ihnen nationale Werte vermitteln können... ebenso den Sinn für Disziplin... unter besonderer Berücksichtigung heldenhafter Persönlichkeiten aus der französischen Geschichte. Kann ich bei der Umsetzung dieser Richtlinien auf Sie zählen?" Ich versprach ihm, mir die Unterlagen genau durchzulesen. „Oh! Außerdem gibt es noch eine Empfangsbestätigung für das Paket... Aber diese muss leider von einem Mann unterschrieben werden. Können Sie sie Ihrem Gatten vorlegen?"

JEAN
Ich habe keine Empfangsbestätigung erhalten.

ÉLISE
Ich habe sie dir auch nicht geschickt.

JEAN
Hast du wohl für mich unterschrieben?!

ÉLISE
Sicher.

JEAN, *jetzt erst verstehend.*
Das hast du gut gemacht!

ELISE
Wenn es ihm nicht passt, soll er sein Paket wieder mitnehmen!

JEAN

Wir brechen morgen zu einem neuen Sektor auf. Die Deutschen wollen nicht länger auf denselben Positionen verharren. Offenbar bereiten sie einen Angriff in der Nähe von Verdun vor. Sag es bitte niemandem, es ist nämlich ein Geheimnis. Die Deutschen glauben, dass wir nichts davon wissen. Und wir glauben, dass sie nicht wissen, dass wir es wissen.

ÉLISE

Es gab einen Vorfall mit Louise. Sie war gerade auf dem Rückweg aus dem Schloss. Sie lief nichts Böses ahnend am Rand der Straße entlang, als André im Auto vorbei kam. Er hat ihr angeboten, sie mitzunehmen. Sie ist zu ihm ins Auto gestiegen. Daraufhin hat er einen anderen Weg eingeschlagen und in der Nähe des Flusses geparkt. Sie verstand gleich, was er im Sinn hatte. Sie hat sich gewehrt. Er hat versucht, ihr Gewalt anzutun. Da hat sie ihn gebissen und ist aus dem Auto gesprungen. André hat ihr nachgerufen: „Das macht nichts! Ich werde dich schon noch kriegen!"

JEAN

Wir haben unser Quartier in einer Schule aufgeschlagen. Eine der Mauern ist eingestürzt und auf den Schreibtisch des Schulleiters gefallen. Wenn ich das sehe, werde ich melancholisch. Ich stelle mir dabei die braven Gesichter meiner kleinen Schüler vor. Bitte sag ihnen doch einmal, welch großes Glück sie haben, weit weg von der Front zu leben. Angesichts des Zustands, in dem sich dieses Dorf hier befindet, muss ich an die Familien denken, die zuvor darin wohnten. Was werden sie bei ihrer Rückkehr vorfinden? Ihre Häuser in Schutt und

Asche. Die Türen entfernt, die Holzböden herausgerissen, die Polstermöbel aufgeschlitzt, das Geschirr zerschlagen, die Matratzen zerschnitten. Keine Hühner mehr, keine Enten, keine Gänse. Weder Pferde noch Kühe. Die Obstbäume alle gefällt. Es lässt sich nicht leugnen: Den Belgiern und den Nordfranzosen geht es noch viel schlechter als uns.

ÉLISE

Du hast recht. Die Belgier sind ein tapferes kleines Volk. Der Bürgermeister hat mich gebeten, eine Familie belgischer Flüchtlinge aufzunehmen. Die Armen. Sie sind jetzt schon seit zwei Jahren unterwegs. Sie sind hunderte von Kilometern weit mit einem Handkarren gelaufen, auf dem sie ihre wenigen Habseligkeiten transportieren. An einigen Orten, wo man bereit war, sie aufzunehmen, hatten sie vorübergehend eine Unterkunft. Ursprünglich stammen sie aus Charleroi. Das ist nicht allzu weit entfernt von Dinant mit einem „t". Ich habe sie bei Opa untergebracht. Es sind drei: Ein Vater, eine Großmutter und ein Junge, der ungefähr genauso alt ist wie Arthur.

JEAN

Rückkehr in die erste Linie. Was für ein Ort, Élise! Es regnet den ganzen Tag und wir müssen durch fünfzig Zentimeter tiefes Wasser waten. Meine Decke wird gar nicht mehr richtig trocken. Wir haben weder Stroh noch einen Schlafplatz. Ich habe mich zwar hingelegt, musste dann aber auf Schlaf verzichten. Schuld daran sind die Ratten, von denen es hier nur so wimmelt. Ich bin eingeklemmt zwischen dem Patronengurt von Henri und dem Hintern von Victor. Aufgrund der Ratten und Läuse können wir auch nicht still liegen bleiben.

ÉLISE

André hat herumerzählt, dass Louise sich an ihn heranmachen wollte! Kannst du dir die Bemerkungen von den Leuten vorstellen, als wir auf den Markt gegangen sind? Man warf ihr vor, ihren Ehemann Paul zu betrügen, einen Verteidiger des Vaterlandes! Wenn du zusätzlich noch die Tatsache berücksichtigst, dass sie weiterhin nicht weiß, wie es Paul überhaupt geht, dann hast du eine ungefähre Idee davon, in welcher Gemütsverfassung sich deine Schwester befindet.

JEAN

Wir sind nun in einem sehr gefährlichen Sektor. Wir werden hier von zwei Seiten pausenlos von der Artillerie beschossen. Alle drei Sekunden fällt eine Granate auf uns. Uns diesmal geht dies nicht so einfach über unsere Köpfe hinweg. Seit zwanzig Tagen konnten wir uns nicht mehr richtig ausruhen. Den Teutonen ist es gelungen, uns das Fort Douaumont zu entreißen, und der Generalstab verlangt von uns, unsere Stellungen unbedingt zu verteidigen. Also halten wir durch und bleiben ohne Ablösung in der ersten Linie. Aber wir haben eine Heidenangst. Die ganze Zeit. Auch wenn wir zum Essen fassen gehen oder davon zurückkommen. Wenn wir uns hinlegen. Wenn wir herumlaufen. Es ist einfach schrecklich.

ÉLISE

Heute war wirklich ein schwarzer Tag. Madame Aubert hat ihren zweiten Sohn verloren, Sébastien. Und Louise hat ebenfalls eine Benachrichtigungskarte erhalten... „Paul Morel, ehrenvoll auf dem Schlachtfeld gefallen." Mehr stand nicht darauf. Louise hört nicht mehr auf, zu weinen, und auch für mich war dies ein schwerer Schlag. Nächste Woche wird für Sébastien und Paul eine gemeinsame Totenmesse gefeiert.

JEAN

Wir haben einen Abschnitt eines deutschen Schützengrabens erobert. Darin befand sich ein Deutscher, der eine Kugel im Bauch hatte und im Sterben lag. Wir haben uns ihm genähert, aber er bot keinen schönen Anblick. Er hat darum gebeten, dass ihm jemand die Hand hält, und ich habe ihm diesen Wunsch erfüllt. Dann hat er etwas gemurmelt. Étienne hat ihn verstanden und in einer seiner Taschen einen Brief entdeckt. Der Teutone hat noch gelächelt, anschließend starb er. Étienne hat den Umschlag geöffnet und den Brief übersetzt. Der Teutone hatte an seine Frau in Düsseldorf geschrieben. Er dankte ihr dafür, dass sie ihm Strümpfe geschickt hatte.

ÉLISE

Unseren Nationalfeiertag am 14. Juli haben wir mit einem kleinen Fest begangen. Louise und ich waren nicht in der richtigen Stimmung dafür, aber wir wollten das den Kindern nicht vorenthalten. Ich habe ihnen Kostüme zum Verkleiden gekauft: Camille ist eine Krankenschwester und Félicien und Arthur wollten Soldatenuniformen so wie deine. Arthur fragt, ob du ihm Patronenhülsen und einen deutschen Helm schicken könntest.

JEAN

Arthur, ich habe in dieses Paket für dich drei Patronenhülsen gelegt. Was den Helm betrifft, so ist mir dazu etwas eingefallen, worüber du bitte nachdenken solltest. Was würdest du denn dazu sagen, wenn ein deutscher Junge seinen Papa darum bitten würde, ihm einen französischen Helm zu schicken, und wenn dieser Helm dann zufällig meiner wäre?

ÉLISE

Das mit den Kostümen war vielleicht doch keine so gute Idee! Ich zittere noch angesichts der Folgen. Arthur und Félicien sind zu Opa gegangen, um dort zu spielen. Félicien hat große Stecken gefunden, welche sich als Gewehre verwenden ließen. Der kleine Belgier war gerade auf dem Hof und hat sie gefragt, ob er mit ihnen spielen könne. Daraufhin hat Arthur verkündet, dass der Belgier die Rolle eines Teutonen übernehmen müsse. Das wollte der Kleine aber nicht. Da haben sie angefangen, ihn zu beschimpfen: „Die Belgier sind Flaschen! Dass euer Staatsgebiet besetzt ist, liegt daran, dass eure Armee nur aus Schwächlingen besteht!" Der kleine Belgier hat sich auf Arthur gestürzt und Félicien konnte auch nicht an sich halten. Bei der Rauferei hat der Belgier ein blaues Auge und eine blutige Wunde auf der Wange davongetragen. Ich war schrecklich wütend und habe mich für diesen Vorfall geschämt.

JEAN

Arthur! Ich erwarte von euch, dass ihr euch bei der belgischen Familie entschuldigt. Und zwar sofort. Du und Félicien. Ihr Dummköpfe! Wisst ihr denn nicht, dass ohne die Belgier die Deutschen nun vielleicht bei euch im Dorf wären? Ihr hättet besser den Mund gehalten. Schäm dich. Und Félicien soll sich auch schämen. Ich verspreche euch, dass ihr bei meinem nächsten Heimaturlaub von mir ein Donnerwetter zu hören bekommt!

ÉLISE, *verzweifelt.*
All dies wäre nicht passiert, wenn du da gewesen wärst.

JEAN
Sieg! Wir haben Douaumont zurückerobert! Neun Monate Blutvergießen für den Gewinn von sechshundert Metern! Arthur kann auf dieser Grundlage ausrechnen, wie viel Zeit nötig sein wird, um die Deutschen aus Frankreich zu vertreiben. Das wird einige Jahrhunderte dauern!

Nach einer kurzen Pause.

Wir haben einen Gefangenenkonvoi zu unserem Truppenlager zurückbegleitet. Sie waren so schmutzig wie wir. Hungrig wie wir. Erschöpft wie wir. Wenn sie nicht ihre deutschen Helme aufgehabt hätten, dann hätte man sie für uns halten können.

Nach einer Pause.

Nun ja. Alles ist in Ordnung. Alle sind zufrieden und das Wetter ist auch prächtig. Am Himmel wimmelt es von Flugzeugen. Das ist schön anzuschauen, ein großartiges Spektakel.

Das Pfeifen einer Granate, die vom Himmel fällt, anschließend deren Explosion.

Jean?

Keine Antwort.

Jean?

ÉLISE, *lesend*
Madame, mein Name ist Henri Pinson. Ich bin ein Freund von Jean. Ihr Gatte wurde heute Vormittag bei einem Luftangriff auf unser Lager verletzt. Er hat stark geblutet. Als ihn die Ambulanz abtransportiert hat, hatte er das Bewusstsein verloren.

ÉLISE
Nein! Nein! Das kann nicht sein! Jean?!!! Jean! Oh mein Gott!

Nach einer Weile.

JEAN
Élise. Diesen Brief schreibt mein Stubenkamerad für mich. Ich befinde mich im Feldhospital von Bar-le-Duc. Deine Briefe habe ich erhalten. Ich bin im Gesicht verletzt. Deshalb trage ich einen großen Verband am Kopf und kann momentan nichts sehen.

ÉLISE
Ich habe die nötigen Passierscheine erhalten, um dich besuchen zu können.

JEAN

Nein. Bloß nicht. Ich will auf keinen Fall, dass du mich in meinem derzeitigen Zustand siehst.

ÉLISE

Mittwoch bin ich bei dir.

Man hört das Geräusch eines vorbeifahrenden Zuges.

JEAN, *betrübt.*

Elise, jetzt ist Mittwoch-Abend. Ich habe dich erwartet. Wieso bist du nicht gekommen?

ÉLISE

Was für ein Abenteuer! Ich stürze mich in den Zug. In Saint-Dizier steige ich aus. Kurz vor Bar-le-Duc wird kontrolliert. Ich zeige meine Passierscheine. Diskussionen. Palaver. Man sagt mir, dass mich ein Soldat begleiten wird. Wir laufen auf die Stadt zu, wo wir bereits das Krankenhaus sehen, in dem du dich befindest. Kurz davor, nur zwei Straßen von dir entfernt, findet eine weitere Kontrolle statt. Ein Offizier behauptet, dass Besuche bei Verwundeten nicht erlaubt sind. „Was? Aber... sehen Sie doch... Ich habe diese Passierscheine... Auf amtlichem Briefpapier, mit Stempel und Unterschrift." „Madame, bitte seien Sie so freundlich, nach Saint-Dizier zurückzukehren." „Um Himmels willen, Herr Oberst, wissen Sie, von wo ich komme? Ich habe mehr als sechshundert Kilometer zurückgelegt, um meinen Ehemann zu besuchen... Ich habe ihn seit... siebzehn Monaten nicht mehr gesehen!" Er wollte aber nicht mit sich reden lassen. Da habe ich die Fassung verloren und ihm eine heruntergehauen.

JEAN, *sanft.*

Beruhige dich. Alles ist in Ordnung. Ich bin am Leben. Hörst du? Am Leben... Man hat meinen Verband entfernt. Mein Aussehen hat sich verändert. Und dabei hatte ich immer vom Krankenhaus geträumt! Wirklich. Ich hatte mich nach der richtigen Art von Verletzung gesehnt... Nicht zu schlimm sollte sie sein... Gerade ausreichend, um der Front zu entkommen. Nun ja, jetzt habe ich es ja geschafft. Ich schlafe in einem gemütlichen Krankenhauszimmer, in weißer Bettwäsche und auf einer echten Matratze. Um mich kümmern sich charmante Krankenschwestern, die mir ständig zulächeln. Außerdem habe ich Freundschaft geschlossen mit Monsieur Mauvernay. Das ist der Herr, der dir stellvertretend für mich geschrieben hat und der mir deine Briefe vorgelesen hat. Es handelt sich um einen alten Gymnasiallehrer, der zufällig an der Frontlinie wohnte. Er wollte sein Haus nicht verlassen und wurde an den Beinen verwundet.

ÉLISE

Seit deinem Unfall kann ich nicht mehr richtig schlafen. Ich wache mitten in der Nacht auf und verspüre dann das Bedürfnis, aufzustehen und nach den Kindern zu schauen. Ich lege mich dann wieder hin, aber wälze mich schlaflos im Bett hin und her. Ich wünsche mir nur noch Eines: dass all dies so bald wie möglich aufhört und dass du dann wieder bei uns bist. Du hast mir auch zuvor schon gefehlt, aber anfangs war es noch erträglich. Ich fand mich damit ab. Jetzt ist es nur noch grauenhaft.

JEAN

Beruhige dich. Élise. Ich liebe dich.

ÉLISE

Ich auch. Ich liebe dich.

JEAN

Ich schicke dir einen Ring. Ich habe ihn aus dem Kupfer eines Artilleriegeschosses hergestellt. Für mich habe ich denselben Ring gemacht. Wirst du ihn tragen?

Eine kurze Pause.

ÉLISE

Louise und ich haben uns gestritten. Eigentlich war dies völlig unnötig. Wir saßen gerade am Tisch. Plötzlich erzählt sie mir, dass eine Fabrik Frauen für die Produktion von Munition einstellt. Zunächst dachte ich, sie bräuchte Geld. „Nein. Auf das Geld kommt es mir dabei nicht an. Ich möchte ihnen helfen." „Wem möchtest du helfen?" „Unseren Männern." „Ihnen helfen bei was?" „Beim Gewinnen des Krieges." „Aber… aber… Louise, du wirst doch nicht wirklich… Du wirst doch keine Granaten herstellen?!!!" „Warum nicht? Was machen denn unsere Männer, eh? Sie kämpfen, werden verwundet, leiden und sterben. Und was machen wir? Wir sitzen am Kamin und stricken Strümpfe!" « Aber… Louise, das stimmt doch gar nicht und du weißt, dass es nicht stimmt. Wir tun doch auch unser Möglichstes. Auf unsere Weise kämpfen wir hier genauso, an allen Tagen, die uns Gott schenkt. Wir erziehen unsere Kinder, wir…" „Aber was nützt das alles, Élise, was nützt es? Damit sie dann ihrerseits Soldaten werden, wenn sie groß sind? Um der Nation unsere Söhne zu schenken, damit sie diese opfern kann? Glaubst du nicht, dass zunächst einmal der Krieg enden sollte, bevor wir weitere Kinder in die Welt setzen?" „Louise. Louise. Nein, nein. Das kannst du doch nicht *wollen*, Munition herzustellen." „Warum nicht?" „Weil Munition dazu dient,… Menschen umzubringen." „Ja, sicher!" Sie hat mir mit einem schrecklich entschlossenen Ton geantwortet und ist heute Vormittag aufgebrochen.

JEAN
Ich bin gerne mit Monsieur Mauvernay zusammen. Weißt du, was er behauptet? Dass einige richtig eingesetzte Worte mehr Wirkung haben können als zehn Millionen Artilleriegeschosse! Er stellt sich eine Organisation vor, welche die Nationen Europas unter ihrem Dach vereint. Welche die Aufgabe hätte, alle Probleme nur über den Weg der Diskussion zu lösen. Das wäre nicht einfach und würde nicht ohne Streitigkeiten ablaufen, auch wäre es sehr zeitraubend, aber Monsieur Mauvernay ist überzeugt, dass dies immer noch besser wäre als die aktuelle Tragödie, die kein Ende zu nehmen scheint.

Nach einer kurzen Pause.

Könntest du mir bitte ein Notizbuch schicken?

Stille.

JEAN, *verwundert.*
Élise??

ÉLISE

Entschuldige bitte. Seit der Abreise von Louise habe ich kaum noch eine Minute für mich. Ich stehe vor Tagesanbruch auf und gehe nach dreiundzwanzig Uhr schlafen. Und dennoch komme ich nicht mit meiner Zeit aus. Die Schule. Die Kinder. Und jetzt auch noch der Bauernhof!

Er schaut sie fragend an.

Opa ist von einer Leiter gefallen. Es ist keine schlimme Verletzung, aber sein Fuß ist bisher noch nicht richtig verheilt. Aus diesem Grund kann er das Feld nicht pflügen. Ich habe angefangen, es an seiner Stelle zu tun.

JEAN
Du?!

ÉLISE

Wer sonst? Das Ochsengespann lässt sich leicht führen, aber der Griff des Pfluges ist zu hoch für mich. Jedes Mal, wenn ich an einem Stein hängen bleibe, wird er mir an die Brust oder ins Gesicht geschleudert.

JEAN

Du müsstest die regionale Schulverwaltung darum bitten, eine Stellvertreterin für dich zu schicken.

ÉLISE
Das habe ich gemacht. Aber unter den aktuellen Umständen

habe ich keine große Hoffnung, eine Bewilligung zu erhalten. Immerhin habe ich jemanden gefunden, der mir hilft.

JEAN

Madame Aubert!

ÉLISE

Nein. Die Belgier. Der Vater hat gesehen, wie ich mich mit dem Pflug abmühe, und ist gleich gekommen. Von Beruf aus ist er Buchhalter. Er tut so viel er kann. Opa schaut vom Rand des Felds aus zu und gibt uns Ratschläge. Wir werden nicht das ganze Land bestellen können, aber zumindest einen Teil davon. Opa ist jedenfalls zufrieden. Als wir vom Feld nach Hause zurückkehrten, hatte er Tränen in den Augen. Er sagte zu mir: „Ich hätte nicht gedacht, dass eine Frau so pflügen kann, wie du das getan hast."

JEAN

Alles Gute für das Jahr 1917. Wir werden sie besiegen! Die Frage ist nur: Wann?

ÉLISE

Papa, wir wünschen dir ein gutes Jahr 1917. Ich habe ein Bild von dir im Krankenhaus gemalt. Um das Bett herum habe ich uns gemalt, wie wir dich gerade besuchen.

JEAN

Camille, deine Zeichnung gefällt mir sehr gut. Ich kann darauf die kleine Jeanne, deine Mama und Arthur erkennen. Außerdem gibt es auch eine Krankenschwester. Aber warum bist du nicht mit auf dem Bild?

ÉLISE
Weil ich die Krankenschwester bin! Wenn ich groß bin, werde ich alle Papas pflegen!

JEAN
Das war ein sympathischer Jahresbeginn! Die deutschen Rekonvaleszenten haben im Hof des Krankenhauses gegen uns Fußball gespielt. Ergebnis: Unentschieden. Aber es hat uns allen viel Spaß gemacht. Die Deutschen haben uns dabei beschimpft. Wir sie auch. Beide Seiten haben mit harten Bandagen gekämpft, aber Todesopfer waren nicht zu fürchten. Es wäre doch schön, wenn der Krieg auf einem Fußballplatz entschieden werden könnte. Vielen Dank für das kleine Notizbuch… Ich habe begonnen, darin zu schreiben.

ÉLISE, *mit der Zeitung in der Hand.*
Gestern Abend habe ich im Café vorbeigeschaut. Alle sprachen von nichts anderem als von Louise. In der Munitionsfabrik ist gestreikt worden. In der Zeitung steht, dass Louise die Anführerin einer Gruppe von Frauen ist, die sich über die Arbeitsbedingungen beschweren. Die Gräfin ist außer sich. Die Fabrik gehört ihr. Sie versteht nicht, dass ungezogene Weiber die Arbeit einstellen, um Forderungen zu erheben. Sie behauptet, dass dies kein patriotisches Verhalten in Kriegszeiten sei.

Ich werde dir den Zeitungsartikel über deine Schwester schicken. Aber sag mal: Es ist doch die Stadtverwaltung, welche für die Kohlelieferungen an die Schule verantwortlich ist?

JEAN
Ja. Wieso?

ÉLISE
Die Lieferung hat nicht stattgefunden.

JEAN
Sie werden es wieder einmal vergessen haben. Wende dich doch einfach an den Bürgermeister.

Nun seinerseits die Zeitung öffnend, plötzlich mit Begeisterung.

Oh! Élise! Élise! Hast du das deutsche Friedensangebot in der Zeitung gesehen, die du mir geschickt hast?!! Zusammen mit Monsieur Mauvernay habe ich es mir genau durchgelesen. Wir hatten eigentlich erwartet, dass es inakzeptable Bedingungen enthalten würde. Es scheint jedoch recht vernünftig zu sein. Aber... Aber ob es wohl von unserer Seite ernsthaft in Erwägung gezogen wird? Das wäre schön, denn die Russen scheinen kurz davor zu stehen, sich aus dem Krieg zurückzuziehen. Kannst du dir vorstellen, was das für uns bedeuten würde, wenn die Deutschen ihre ganzen Truppen aus dem Osten abziehen und an ihrer Westfront einsetzen könnten?

ÉLISE

Ich habe mit dem Bürgermeister gesprochen. Es gibt überhaupt keine Kohle mehr, weder hier noch andernorts.

JEAN, *in die Zeitung blickend.*

Es finden keine Verhandlungen statt! Kannst du dir das vorstellen?! Überhaupt keine Verhandlungen! Die vorgeschlagenen Friedensbedingungen wären durchaus akzeptabel, aber man will nicht darüber verhandeln! Ganz im Gegenteil! Unsere Generäle sagen, dass es ein Zeichen von Schwäche bei den Deutschen ist, wenn sie uns ein Friedensangebot unterbreiten! Also ist nun der Augenblick gekommen, sie vernichtend zu schlagen! So rasch wie möglich! Was die Russen betrifft, so sagt mir Monsieur Mauvernay, dass bei ihnen eine Revolution begonnen hat und dass die Zarenherrschaft dem Untergang geweiht ist.

ÉLISE

Ich war bei der Gräfin. Ich habe sie um einige Ster Holz aus den Waldbeständen ihres Schlosses gebeten, um die fehlende Kohle zu ersetzen. Sie verzog das Gesicht. „Holz?! Aber es schneit doch! Wie wollen Sie jetzt Holz fällen?" Ich habe ihr geantwortet, dass ich dies schon schaffen würde. „Hmm... Holz gibt es aber nicht umsonst... vor allem nicht in diesen schwierigen Zeiten..." „Genau aus diesem Grund erlaube ich mir, Frau Gräfin, an ihre Großzügigkeit zu appellieren." „Sehen Sie, Frau Lehrerin,... Oh! Fast hätte ich es vergessen! Sie sind doch gar keine echte Lehrerin, nicht wahr? Sie sind doch nur eine Aushilfslehrerin... Sehen Sie, Frau Aushilfslehrerin,... das Problem ist, dass sobald man etwas gibt, die Hilfegesuche plötzlich immer mehr werden... Man freut sich anfangs noch über die gute Tat, aber dann kommen der Pfarrer, das Rote Kreuz, die Belgier… alle Arten von Armen… und Nachrichten verbreiten sich so rasch in einem kleinen Dorf!" Weißt du, was ich tun werde, Jean? Wenn der Kohlevorrat der Schule erschöpft ist, schicke ich die Schüler nach Hause.

JEAN, *immer noch die Zeitung lesend.*
Die Amerikaner treten in den Krieg ein. Aber wann werden sie tatsächlich bei uns ankommen? Man sagt, dass erst in zwei Jahren mit ihnen zu rechnen ist!

ÉLISE
Ich musste Opa bei mir zuhause aufnehmen. Sein Fuß ist schlimmer geworden. Er kann jetzt überhaupt nicht mehr laufen. Als ich seine Sachen im Bauernhof abgeholt habe, bin ich auf die Briefe gestoßen, die du ihm geschrieben hast. Einige davon habe ich gelesen.

JEAN, *die Zeitung zusammenfaltend und seine Verteidigung vorbereitend.*
Élise…

ÉLISE
Ich musste weinen, als ich entdeckt habe, was du mir verborgen hast.

JEAN, *schmerzlich berührt.*
Hör zu…

ÉLISE

Der Todeskampf der Soldaten. Die lebendig Begrabenen. Das Senfgas, das zum Ersticken führt. Deine Kameraden, die durch die Bombardierungen den Verstand verloren haben. Ich will nicht, dass du mich schonst. Das hat mich traurig gemacht.

JEAN, *langsam.*

Élise... Ich bitte dich um Entschuldigung... Was ich hier erlebe, ist manchmal so schlimm... Ich wollte dich nicht beunruhigen... Was hätte das gebracht?

ÉLISE

Was das Feld betrifft, so ist Opa nicht sehr optimistisch. Das Getreide keimt zwar, aber wir haben es nicht sehr gut angesät. An manchen Stellen wächst es büschelweise, während es an anderen Stellen überhaupt keines gibt. Und in den Zwischenräumen macht sich das Unkraut breit.

JEAN

Die Krankenpfleger haben Monsieur Mauvernay weggebracht. Ich erkundige mich jeden Tag nach ihm. Da ich aber nicht zu seiner Familie gehöre, will man mir nichts sagen. Ich selbst muss übermorgen aufbrechen. Der Arzt ist der Auffassung, dass ich jetzt wieder einsatzfähig bin.

ÉLISE

Wo musst du hin?

JEAN

Zurück zu meinem *glorreichen* Regiment! Hast du inzwischen eine Stellvertreterin bekommen?

ÉLISE
Nein.

JEAN
Es ist gar nicht schlecht, nach einer Verletzung zurückzukommen: Ich muss hier nur Kleinkram erledigen. Ein wenig Verwaltungsaufgaben und Küchendienst.

ÉLISE
Küchendienst?! Du?

JEAN
Wieso nicht?! Bis jetzt haben es noch alle überlebt! Ich habe den Kolibri wieder getroffen, der immer noch gut in Form ist. Victor ist auch da. Er wurde zum Feldwebel befördert. Étienne allerdings wurde schwer verwundet. Er wurde nach Hause zurückgebracht. Aber Victor sagt, dass dies angesichts seines Zustands kein Geschenk war.

ÉLISE
Die Gräfin hat uns einen Besuch abgestattet! Zunächst dachte ich, sie käme, um mir Holz anzubieten. Aber nichts da. Sie war hier, um Opa die Erhöhung der Pacht mitzuteilen. „Werter Herr, Sie haben doch sicherlich bemerkt, dass derzeit alles teurer wird? Die Kohle, das Holz, das Getreide. Sie werden den Weizen jetzt zu einem höheren Preis verkaufen, da ist es doch

logisch, dass der Pachtzins für meine Ländereien ebenfalls ansteigt." Opa hat versucht, ihr unsere schwierige Lage zu erklären. Die Bedingungen, unter denen die Aussaat erfolgt war. Die Tatsache, dass wir mehrere Felder brachliegen lassen mussten. Aber sie wollte nicht mit sich reden lassen. Nach einer kurzen Pause hat Opa ihr in die Augen geschaut und sie gefragt: „Ist Ihr Sohn endlich in den Krieg gezogen?" „Wie bitte?" „Ist André, Ihr Sohn, endlich in den Krieg gezogen?" „Nun ja… Ähm… Nein… Bisher nicht… Warum fragen Sie mich das?" „Ich wundere mich, dass nach dreißig Monaten noch niemand auf die Idee gekommen ist, ihn anzuzeigen." So hatte ich deinen Vater noch nie erlebt: gleichzeitig kühl und grausam. Dann wandte er sich zu mir. „Élise! Zeig uns deine Hände!" Er hielt der Gräfin meine Hände vor das Gesicht. „Sehen Sie? Diese Hände haben den Acker bestellt. Sie haben gesät. Morgen werden sie das Getreide für das Brot ernten, das Sie dann verspeisen. Gleichzeitig müssen diese Hände drei Kinder erziehen und in einer ungeheizten Schule unterrichten. Frau Gräfin, Sie sind reich und mächtig. Ich bin nur ein einfacher Bauer, noch dazu ein alter Mann. Aber ich fürchte Sie nicht. Passen Sie auf Ihren Sohn auf." Die Gräfin wirkte ganz erschrocken. Einen Augenblick später stammelte sie: „Sicher… ja, zweifellos… Ich werde darüber nachdenken. *(Nach einer kurzen Pause.)* Oh! Élise! Wie viel Holz würden Sie für die Schule benötigen?"

JEAN

Wir sind jetzt am Chemin des Dames. Was für eine Anhäufung von Soldaten und Geschützen! Hier wird eine Offensive von einer nie dagewesenen Größenordnung vorbereitet. Ich war zu pessimistisch. Vielleicht ist der Sieg jetzt tatsächlich greifbar nahe.

ÉLISE

Jean, pass auf, was du mir schreibst. Zu Madame Aubert sind die Gendarmen ins Haus gekommen, weil Émile in seinen Briefen zu viele Details erwähnt hatte. Am besten, du sprichst nur über Liebe, das gefällt mir ohnehin besser als der ganze Rest.

JEAN

Voilà! Mit frischem Schwung wie 1914!

ÉLISE

Ihr habt die Schlacht verloren.

JEAN

Nein. Nur, dass wir nicht wirklich siegreich waren. Nun ja, immerhin! Wir haben fünf Kilometer erobert... dabei allerdings Verluste in Höhe von dreihunderttausend Mann erlitten.

ÉLISE, *ihn unterbrechend.*
Und du?

JEAN

Ich habe einfach Glück gehabt.

ÉLISE

Hier läuft alles mittlerweile ein wenig besser. Der Belgier ist sehr nett. Er hat das Melken gelernt. Er hat mir gesagt, ich müsse nun nicht mehr täglich beim Bauernhof vorbeischauen. Er wird sich künftig um die Tiere kümmern. Ich werde aber trotzdem hingehen, weil Opa sich Sorgen macht.

JEAN

Unser neuer Leutnant ist ein junger Kerl, der sich unbedingt auszeichnen will. Gestern hat er uns befohlen, ein Spruchband zu entfernen, das die Deutschen auf der Brüstung ihres Schützengrabens befestigt hatten. „Die Franzosen sind Schwächlinge!" Na und? Es hätte doch gereicht, das zu ignorieren. Nein! Wir mussten das Spruchband koste es was es wolle von dort herunterreißen… Victor hat sich das nicht gefallen lassen. Er hat dem jungen Leutnant entgegen geschleudert: „Was willst du damit erreichen? Uns zum Tode verurteilen? Hast du dir den Geländeverlauf angeschaut? Hast du gesehen, in welchem Zustand die Männer hier sind? Hast du nicht verstanden, dass es uns bereits übermenschliche Mühen kostet, einfach nur zu überleben? Und wegen eines Spruchbands willst du uns in den Tod schicken?! Wir werden dort nicht hingehen. Verstehst du? Der Befehl kommt von oben. Na und? Das ist mir scheißegal! Sollen doch diese betressten Herren selbst hier vorbeikommen, um sich ein Bild von der Lage zu verschaffen! Wie wir hier in dreckigen Löchern leben, während sie gemütlich am Kamin sitzen und ihren Cognac schlürfen. Los! Geh hin! Richte es ihnen aus!" Der junge Leutnant wollte seinen Ohren nicht trauen. Er schaute uns mit großen Augen an. Keiner von uns hat reagiert.

ÉLISE

Louise ist zu uns zurückgekehrt. Sie sieht schrecklich aus. Innerhalb der kurzen Zeit scheint sie um zehn Jahre gealtert. Sie hustet ständig. Ihre Haut ist gelblich und ihre Haare sind vom Grünstich entstellt. Der Fabrikarzt hat ihr gesagt, dass dies vorübergehen wird und dass sie sich nur ausruhen muss. Aber sie glaubt, dass sie durch den Umgang mit dem Munitionspulver vergiftet wurde.

JEAN

Der Leutnant – du weißt schon, der Idiot vom Spruchband – hat uns befohlen, früh aufzustehen, mit der vorgeschobenen Begründung, dass wir Besuch von Generälen erhalten würden. Mich wunderte, dass Victor nicht mehr bei uns war. Wir stehen da also in Rechteck-Formation. Zuerst treffen die Offiziere ein. Dann Victor, mit gefesselten Händen. Man verbindet ihm die Augen, befestigt ihn am Pfahl und liest ihm das Urteil vor. Und wir, seine Freunde, stehen bewegungslos daneben, mit weit aufgerissenen Augen angesichts des für unmöglich Gehaltenen. Die mit dieser verfluchten Aufgabe betrauten Soldaten legen auf ihn an. Feuer. Victor bricht zusammen. Anschließend kommt der Leutnant zu mir. „Bist du Jean Martin, der Lehrer?" „Ja, das bin ich." „Ich ernenne dich zum Feldwebel. Du wirst die Stelle von Victor Bergogne einnehmen."

Nach kurzem Schweigen.

Victors Begräbnis fand bei Einbruch der Dunkelheit statt. Der Kolibri sang an seinem offenen Grab. Ein schlichtes Kreuz, darauf sein Helm. Adieu, mein Bruder.

Er weint.

ÉLISE

Vierzig Doppelzentner! Das ist viel weniger als üblich, aber Opa ist begeistert. Was mich betrifft, so bin ich stolz darauf, das ernten zu können, was ich selbst gesät habe. Weißt du, was ich mir ausgedacht habe? Ich trage eine Hose! Die Kinder finden das sehr lustig. Sie nennen mich *Herr Mama*! Sollen sie nur lachen! Für die Arbeit auf dem Feld ist das einfach viel praktischer.

JEAN

Das war vielleicht ein Mummenschanz! Clemenceau höchstpersönlich hat uns einen Besuch abgestattet. Er hat uns Fragen gestellt. „Hast du genug zu essen?" Ja. „Dein Schlafplatz ist nicht sehr bequem, aber so ist das im Krieg, oder?" Ja. „Glaubst du an unseren Sieg?" Ja. Wir sind zu eingeschüchtert, zu blöd, um ihm die Wahrheit zu sagen. Wovon spricht er überhaupt? Vom Sieg??? Wir wissen gar nicht mehr, was das bedeuten soll! Am Ende, bevor er wieder abgereist ist, hat er doch noch eine ansatzweise aufrichtige Antwort erhalten. Er hat gefragt: „Fangt ihr nicht an, zu denken, dass euer Leiden nun schon zu lange dauert?" Ja! Aber das war ein schüchternes Ja, mit halblauter Stimme, als wäre es uns peinlich. *(Er schreit plötzlich.)* Ja! Ja! Ja! Wir haben genug! Es reicht uns! Es dauert schon ewig! Wir ertragen es nicht mehr! Wir müssten uns alle verhalten wie Victor! Wie Louise! Wie die Russen! Wir müssten den Mut haben, die ganzen Lügen aufzudecken!

ÉLISE

Louise geht es nicht gut. Madame Aubert verbringt alle Nachmittage an ihrem Krankenbett. Sie sticken zusammen. Madame Aubert erzählt dann von ihren Söhnen und Louise von Paul.

JEAN

Für unsere Tapferkeit am Chemin des Dames haben wir einen Orden erhalten. Die Generäle haben uns die Pfote geschüttelt, als sie uns mit einem Lächeln im Gesicht das Kriegskreuz ansteckten. Was soll das Ganze überhaupt? Weißt du, wofür wir eine Auszeichnung verdienen würden? Dafür, dass wir trotz der dämlichen Strategien dieser nutzlosen Schweine überlebt haben! Oh! Hier lässt sich keiner für dumm verkaufen. Wir kämpfen nicht für das Vaterland und auch nicht für uns selbst. Wir kämpfen für sie! Damit diese Drecksäcke immer vermögender werden, höhere Ränge und Titel erreichen können. Betrüger! Feiglinge! Parasiten! Elende Lumpen, die ihr unsere Leichen als Trittbretter für euren Aufstieg missbraucht! Victor weigert sich, ein Spruchband herunterzureißen? Hopp, er wird an die Wand gestellt! Aber ihr, ihr seid schuld am Völkermord und niemand zieht euch zur Rechenschaft. Ihr kotzt mich an!

Nach einer Weile.

Nach der Zeremonie haben sie uns Neuigkeiten mitgeteilt. Die Russen und die Rumänen ziehen sich aus dem Krieg zurück. Bis zur Ankunft der Amis werden wir auf uns allein gestellt sein, unterstützt nur von den Briten, den Belgiern und in den

Alpen von den Italienern. Das ist der wahre Grund, weshalb sie uns einen Orden gegeben haben!

ÉLISE

Jean. Manche von deinen Briefen werden geöffnet. Ich habe mehrere erhalten, in denen ganze Sätze geschwärzt wurden.

JEAN

Du wolltest doch die Wahrheit wissen! Ich sage sie dir! Wenn sie das lesen, was ich dir schreibe, können sie wenigstens hinterher nicht behaupten, sie seien nicht auf dem Laufenden gewesen. In meinen Briefen finden sich keine Lügen wie in den Zeitungen! Soll ich etwa schweigen? Nein! Diese Zeiten sind vorbei. Jede Geduld hat einmal ein Ende.

ÉLISE

Der Arzt ist bei uns vorbeigekommen, um sich Louise anzuschauen. Leider ist der Befund nicht erfreulich: Ihre Lungen sind geschädigt. Madame Aubert sagt, daran ist die Gräfin schuld und all jene, die mit dem Krieg Geld verdienen. Auch wir seien daran schuld, weil wir Spendenaktionen für die Finanzierung des Krieges organisiert hätten. Sie selbst ist fest entschlossen, nie mehr etwas zu spenden, und sei es auch noch so ein kleiner Betrag.

JEAN

Ein gutes neues Jahr 1918. *(Er schreibt:)* Wir... werden... sie... be... *(Er hätte beinahe weitergeschrieben, aber plötzlich streicht er wütend den angefangenen Satz durch.)*

ÉLISE

Papa, wir wünschen dir für das Jahr 1918 alles Gute. Diesmal hatte ich keine Zeit, eine Zeichnung für dich anzufertigen. Ich muss zuhause die Aufgaben einer Krankenschwester übernehmen, weil Tante Louise sehr krank ist.

JEAN

Élise, das überrascht mich... Ich habe gerade einen Brief von Louise erhalten... Sie fragt mich, ob wir uns um Félicien kümmern könnten, falls... Ist sie so schwer erkrankt?

ÉLISE

Louise ist in aller Stille verstorben. Wie eine Kerze, deren Flamme in der Nacht im Wachs verlischt. Félicien saß am Rande ihres Bettes und hielt ihre Hand. Wenn ihre Hustenanfälle ihr ein wenig Ruhe ließen, streichelte sie ihn. Sie schaute ihn mit einem traurigen Lächeln an, als ob sie sich dafür entschuldigen wolle, Abschied nehmen zu müssen.

Nach einer Pause.

War es denn nicht genug, dass wir Gott auf Knien um deine Rettung angefleht haben?

Sie weint.

JEAN

Élise. Sei tapfer. Sei stark. Für Félicien. Für unsere Kinder.

ÉLISE

Die Beerdigung fand bei prasselndem Regen statt. Alle Götter der Auvergne weinten um Louise. Nach der Messe standen wir noch kurz vor dem Kirchenportal. Da kam die Gräfin zu mir. Sie hat mich als Zeichen ihrer Anteilnahme umarmt und zu mir gesagt: „Die arme Louise! Wenn ich daran denke, dass sie bei mir als Dienstmädchen gearbeitet hat! Oh! Ich werde sie vermissen!"

JEAN

Das hat mich innerlich verändert. Ich habe verstanden, was Louise war. Was wir alle sind. Kleine Rädchen im Getriebe. Figuren auf dem Schachbrett der Welt. Austauschbare Elemente ohne Persönlichkeit. Was nützt es, von den Kugeln verschont zu werden, wenn der Krieg unsere Seelen zerstört?

ÉLISE

Ich habe vom Bürgermeister verlangt, dass der Name von Louise zu der Liste von Gefallenen auf dem Denkmal für die Kriegsopfer hinzugefügt wird. Er hat mich aber nicht ernst genommen und mir geantwortet: „Élise, bitte! Seien Sie doch vernünftig! Sie war nur eine Frau!"

JEAN

Ich wurde zum Führungsstab bestellt. Grund dafür war ein Brief, in dem ich über die Generäle geschimpft hatte. Bei dir ist dieser Brief nicht angekommen: Er wurde von der Militärzensur beschlagnahmt. Er lag dort auf dem Tisch, unter ihren Augen. Außerdem haben sie von mir verlangt, ihnen vorzulesen, was ich in meinem Notizbuch geschrieben hatte. Sie stellten mir unzählige Fragen. Ich dachte dabei an Louise. Und an Victor. Also habe ich die Wahrheit gesagt.

ÉLISE

Ich habe die Soldatenkostüme weggeworfen, die ich Félicien und Arthur geschenkt hatte. Das kam plötzlich so über mich. Ich weiß schon, dass sie an diesen Kostümen hingen. Aber ich konnte sie nicht mehr sehen und deshalb habe ich sie weggeworfen.

JEAN

Heute Vormittag wurde dieser Schweinehund von Leutnant versetzt. Seit Clemenceau das Kriegsministerium leitet und Pétain Oberbefehlshaber des Heeres ist, wird alles langsam etwas besser. Jetzt wird auch wieder Heimaturlaub gewährt. Ich werde zu euch auf Besuch kommen.

ÉLISE

Wann?!

JEAN

Nicht sofort, nicht gleich. Daran ist mein Rang schuld, den ich Victor zu verdanken habe.

ÉLISE

Der Schulinspektor hat uns besucht. In düsterer Aufmachung. Alles an ihm war düster: Seine Kleidung. Sein Hut. Sein Stirnrunzeln. „Madame Martin, wieso hat diese Schule nach der letzten Kollekte kein Geld geschickt?" „Um Ihnen die Wahrheit zu sagen, Herr Inspektor: Ich habe es vorgezogen, für einen anderen Zweck Geld zu sammeln." „Für einen anderen Zweck?" „Ja. Die Familien haben sich im Übrigen sehr großzügig gezeigt. Dreihundertzwölf Francs sind zusammen gekommen. Wir haben sie einem Verein in Clermont geschickt. Einem pazifistischen Verein." „Passen Sie auf, Madame Martin! Die regionale Schulverwaltung kann eine derartige Nichtbeachtung von Anordnungen nicht ungeahndet lassen! Wenn Sie auf diesem Weg fortfahren, werden Sie aus dem Staatsdienst entlassen!" „Dann soll man mich ruhig entlassen, Herr Inspektor. Seit achtzehn Monaten bemühe ich mich bei der Schulverwaltung um eine Stellvertreterin für mich. Schauen wir einmal, ob es so einfach sein wird, jemanden zu finden, um mich zu ersetzen…"

JEAN

Bezüglich der Amerikaner habe ich mich getäuscht. Sie bereiten eine baldige Intervention vor. Außerdem sind sie echte Freunde Frankreichs und der Franzosen, was ich nicht gedacht hätte!

ÉLISE

Was für eine Überraschung! Die Gräfin! Die Gräfin in meiner Klasse! Ich stelle sie den Schülern als die Wohltäterin vor, der wir verdanken, im Warmen zu sitzen, aber sie fordert mich dazu auf, ihr in den Gang vor dem Klassenzimmer zu folgen. Und dort, mit einem Blick voller Verzweiflung, wirft sie mir zornig entgegen: „Sie waren es also?! Nicht wahr? Was? Waren sie es?! Und wozu habe ich Ihnen dann Holz geschenkt? Und die Pacht erlassen? Reicht Ihnen das nicht?!" „Entschuldigen

Sie, Frau Gräfin. Aber wovon sprechen Sie überhaupt???" *(Mit zerrütteter Stimme:)* „Jemand hat André angezeigt." „Ich war es nicht. Ich war es nicht, Frau Gräfin. Ich schwöre es Ihnen."

JEAN

André. Der ist gerade hier bei uns angekommen. So ein Zufall. Ausgerechnet in meinem Sektor. Er macht einen mitleiderregenden Eindruck. Man sieht gleich, dass er mit einem goldenen Löffel im Mund zur Welt gekommen ist. Er hat mit uns zu Abend gegessen, aber das Essen hat ihm nicht geschmeckt. Daraufhin hat der Kolibri zu ihm gesagt: „Du bist ein Frischling und darfst erst mitreden, wenn du drei Jahre Schützengräben hinter dir hast. Bis dahin: Sei still und kaue." Ich werde ein bisschen auf ihn aufpassen. Heute Abend habe ich ihn dabei beobachtet, wie er sein Gewehr gereinigt hat. Wenn ich ihm nicht geholfen hätte, hätte er sich ins Kinn geschossen.

ÉLISE

Ich glaube, dass es Opa war, der ihn angezeigt hat.

JEAN

Nein. Heute Morgen habe ich André auf dem Boden des Schützengrabens sitzend gefunden. Er zitterte vor Kälte. Ich brachte ihm eine Decke. Da fing er an zu weinen wie ein Kind. Ich fragte ihn: „Was hast du denn? Ist es wegen dem, was der Kolibri zu dir gesagt hat? Nein? Oder hast du vielleicht schlecht geschlafen? Weißt du, es ist zwar hart, aber man gewöhnt sich daran. Die ersten Tage sind am schwierigsten." Er schüttelte den Kopf. Dann gestand er mir plötzlich, dass er sich selbst angezeigt hatte. Ganz allein. Er hielt es nicht mehr aus, als

Feigling und Drückeberger beschimpft zu werden, als Mutter-
söhnchen. Er wollte es allen beweisen, dass er ein Mann ist,
und hat sich deshalb angezeigt. Ganz von selbst.

Nach einer Pause. Mit nunmehr freudiger Stimme.

P.S.: Élise! Ich habe gerade die Bewilligung für meinen Urlaubsantrag erhalten! Ich werde rechtzeitig zu Jeannes Geburtstag bei euch sein.

ÉLISE
Wann genau kommst du an?

JEAN
Am elften!

ÉLISE
Sieben.

JEAN
Acht.

ÉLISE
Neun.

JEAN
Zehn.

ÉLISE
Elf!

Man hört den Pfiff des Schaffners, der das Zeichen zur Abfahrt des Zuges gibt. Dann eine Pause.

ÉLISE
Jean?

Noch eine Pause. Dann, überrascht.

Wir hatten dich am Bahnhof von Clermont erwartet...

JEAN
Aufgrund eines entgleisten Zugs hatte ich in Paris einen ungewollten Zwischenstopp. Ich habe die Zeit für einen Spaziergang auf den Boulevards genutzt. Obwohl man hier nur eine Stunde von der Front entfernt ist, leben die Leute hier so, als würde es den Krieg nicht geben. Vor dem Konzertsaal des Olympia hörte ich, wie sich zwei Herren miteinander unterhielten. Der erste sagte: „Warum gewinnen sie bloß diesen Krieg nicht?! Eh? Es fehlt ihnen an Mut. Es sind echte Waschlappen!" Dann sah mich der Sprecher und verstummte. Aber in seinem Blick konnte ich lesen, dass er sein Vorurteil auch auf mich bezog. Was ich wohl gerade vor dem Olympia machte? Ob ich wohl in die Abendvorstellung gehen würde? *(Mit einer Stimme, als würde er ihnen die Leviten lesen.)* Meine Herren, ich bin Lehrer von Beruf. Lehrer! Der Krieg ist kein Beruf. Nach außen hin dekoriert man uns mit Orden, dass wir aussehen wie Weihnachtsbäume, aber in Wirklichkeit sind wir

den Leuten egal. Nun ja. Das Einzige, das für mich zählt, bist du, Élise. Du und die Kinder.

Man hört das Geräusch eines vorbeifahrenden Zuges.

ÉLISE
Dein Besuch war viel zu kurz.

JEAN, *mit plötzlicher Heftigkeit.*
Willst du dich über mich lustig machen?!

ÉLISE
Wie bitte?

JEAN

Mein Gott. Was ist hier eigentlich los? Was habt ihr alle gehabt? Ich kam zuhause an. Jeanne öffnete mir die Tür und anstatt sich in meine Arme zu werfen, rief sie: „Mama, da ist ein Mann da." Ein Mann?! *(Zu Jeanne.)* Ich bin es, Jeanne, ich, Jean, dein Papa! Wir haben dir extra den gleichen Vornamen gegeben, damit du dich an mich erinnerst! *(Zu Élise.)* Élise? Wozu schreibe ich dir dann überhaupt? Wozu schicke ich dir Fotos von mir? *(Mit lauter Stimme.)* Dein Kind erkennt seinen Vater nicht!

ÉLISE
Ich…

JEAN, *sie unterbrechend.*

Arthur hat sich kein einziges Mal auf meine Knie gesetzt! Und Camille hat mich Jean statt Papa genannt!

ÉLISE
Hör zu…

JEAN, *sie erneut unterbrechend.*

Glaubst du, dass mir nichts auffällt? Beispielsweise dein viel zu kurzes Kleid? Seit wann ziehst du dich so an?

ÉLISE
Dieses Kleid habe ich extra für deinen Besuch gekauft. Es tut mir leid, falls…

JEAN
Ah! Der Belgier sieht auch sehr zufrieden aus. Ihm scheint dein Kleid gut zu gefallen. Das gilt auch für Opas Bauernhof: Er hat mich dort herumgeführt, als würde alles ihm gehören. Glaubst du, ich sehe die verliebten Blicke nicht, die er dir zuwirft? Und wie du ihm zulächelst? Wie lange betrügst du mich schon mit ihm?

ÉLISE
Hör auf.

JEAN
Ich lasse mich doch nicht für dumm verkaufen.

ÉLISE, *mit entschiedener Stimme.*

Hör auf! Wie kannst du wagen, so etwas zu behaupten?!! Glaubst du, ich habe die Zeit, um überhaupt an solche Sachen zu denken? *(Sie versucht, ihren Zorn zu bändigen.)* Kannst du dir vorstellen, was es bedeutet, ein Leben zu führen, bei dem man nie auch nur einen Augenblick für sich selbst hat? Bei dem man alles alleine am Laufen halten muss? Und man sich ständig sagt, es ist unmöglich, du schaffst es nicht mehr? Und man dennoch nicht aufgibt? Weil man sich einfach keine Schwäche erlauben *kann.* Weil man durchhalten *muss.* Dabei kommt man nicht einmal mehr zum Denken. Ein Tag folgt auf den anderen und alle bestehen nur aus Arbeit und Mühe. Mir geht es genau so wenig gut wie dir. Aber ich beklage mich nicht, um dich nicht mit meinen Problemen zu belasten. Ich verlange auch keinen Dank von dir. Erst recht keine Bewunderung. Aber alles, was ich von dir zu hören bekomme, sind Demütigungen! Das ist zu viel für mich.

Stille.

ÉLISE

Jean?

ÉLISE

Jean?

ÉLISE

Jean. Schreib mir. Wenigstens ein Wort. Nichts als ein Wort. Sogar ein leerer Umschlag würde mir genügen. Weißt du... Vor deinem Besuch hatten wir uns so lange nicht gesehen. Da ist es kein Wunder, dass die kleine Jeanne dich nicht erkannt hat. Dass die Kinder bei dir gefremdelt haben, hängt auch damit zusammen, dass du jetzt anders aussiehst. Du hast Falten bekommen und bist abgemagert. Und mit dieser Narbe im Gesicht… Auch ich musste mich erst wieder an dich gewöhnen. Aber das macht nichts. Wenn der Krieg zu Ende ist, müssen wir einfach von neuem lernen, miteinander zu leben. Seit deiner Abreise bin ich furchtbar traurig… Wir brauchen dich. Wir lieben dich. Ich liebe dich. Lasse uns nicht ohne eine Nachricht von dir. Bitte.

Nach einer Pause.

Jean, falls dieser Brief bei dir ankommt, solltest du wissen, dass ich seit deiner Abreise keinen einzigen Brief von dir erhalten habe. Es sind mittlerweile zwei Monate. Morgen werde ich wie jeden Tag zum Rathaus gehen, um zu sehen, ob es dort vielleicht eine dich betreffende Neuigkeit gibt.

Er reicht ihr sein Notizbuch, seine Brille und einen Brief, den sie öffnet.

ÉLISE
Madame Martin. Mein Name ist Henri Pinson. Jean nannte mich immer den Kolibri. Ich habe die traurige Pflicht, Ihnen seinen Tod mitzuteilen. Ich schicke Ihnen seine Brille und sein Notizbuch. Ich habe Jean geliebt wie einen Bruder.

Sie öffnet das Notizbuch und beginnt, darin zu lesen.

JEAN, *aus dem Jenseits.*
Wir sind zum Sturmangriff ausgerückt. André rannte neben mir. Die Deutschen haben auf uns geschossen. Da habe ich André einen Schubs gegeben, damit er in Deckung ging. Beim Aufstehen sagte er einfach „Danke" und stürmte weiter. Ich bin nur einige Schritte gelaufen und habe dann gemerkt, dass ich Schmerzen am Bein hatte. Ich habe mich bis zu einem Granattrichter geschleppt, wo ich diese Notizen mache. Ich blute, bin aber davon überzeugt, dass bald jemand kommen wird, um mir zu helfen und mich von hier fortzutragen.

JEAN, *rufend.*
He! He!

Nach einer Weile.

Henri?!

Nach einer Weile.

Ich bin hier, mein Kolibri!

Jetzt warte ich hier schon über eine Stunde. Niemand reagiert auf meine Rufe. Mir ist kalt.

Nach einer Weile.

Élise. Ich bitte dich um Entschuldigung für all das, was ich dir angetan habe. Gesegnet sei der Tag, an dem wir uns kennengelernt haben. Erinnerst du dich daran? Ich kann noch das Klavier von damals hören. Und deine Stimme, als du zu mir sagtest:

ÉLISE
Mein Name ist Élise.

JEAN
Ich hätte dich so gerne glücklich gemacht, ein ganzes Leben lang... Sei tapfer. Sorge für unsere Kinder. Ich vermache dir alle meine Besitztümer und befreie dich von dem mir gegebenen Versprechen, mir immer treu zu sein. Du bist noch jung und schön. Wenn du einen Mann findest, den du lieben kannst und der sich auch unserer Kinder annimmt, dann heirate ihn.

Nach einer Weile.

Ich liebe dich, Élise. Ich liebe dich, Élise. Ich liebe dich, Élise.

Die Bühne wird nach und nach völlig dunkel.

* * *

Coda

Diese Geschichte ist erfunden. Es gibt sie nur auf dem Theater. Dennoch ist fast alles darin wahr.

Unter all den Briefeschreibern, denen ich Anregungen für ein Ereignis, ein Wort oder einen Idee verdanke, gibt es zwei, denen ich besonders viel schuldig bin.

Der erste der beiden ist Marcel Etévé.

Im Alter von dreiundzwanzig Jahren, als er gerade sein Literaturexamen an der Universität vorbereitete, wurde Marcel Etévé gleich am ersten Tag des Krieges in Toulouse einberufen. Er erhielt zunächst eine militärische Ausbildung und wurde schließlich am 15. April 1915 an die Front geschickt. Dort blieb er dann auch – abgesehen von einem Krankenhausaufenthalt und zwei kurzen Heimaturlauben – bis zu seinem Tod bei einem Sturmangriff am 20. Juli 1916. Marcel Etévé hat mehr als zweihundert Briefe an seine Mutter geschrieben, voller Ironie und Großherzigkeit. Diese Briefe wurden bereits 1917 veröffentlicht und haben viel zur Gestaltung des scharfzüngigen Charakters von Jean beigetragen.

Der zweite ist Augustin Astruc.

Dieser Volksschullehrer aus dem südfranzösischen Département Lozère, der verheiratet war mit der Hilfslehrerin Honorine, wurde Anfang September 1914 in Mende einberufen. Er war zu diesem Zeitpunkt zweiunddreißig Jahre alt und Vater zweier Kinder. Seine Erlebnisse sind ein Resümee des Verlaufs des Ersten Weltkriegs, an dessen wichtigsten Schlachten er teilnahm: von Belgien bis zur Marne, von den Argonnen bis nach Verdun. Augustin schrieb mindestens einmal täglich an seine Frau und seine Kinder. In seinen Briefen findet man die ganze Spannbreite von Gefühlen, die typisch sind für die französischen Soldaten jener Zeit: Resignation, Revolte, Sinn für Komik, Widerwillen und vor allem den Ausdruck seiner Liebe.

Sein Enkel Alain Astruc hat diese Briefe glücklicherweise abgetippt und damit für die Nachwelt zugänglich gemacht; er hat es mir freundlicherweise gestattet, ihre Inhalte für mein Stück zu verwerten. Ich danke ihm und der gesamten Familie Astruc dafür sehr herzlich.

Augustin Astruc hat den Krieg überlebt. Wie viele andere Soldaten wurde er aber erst 1919 demobilisiert, da auf den Waffenstillstand vom November 1918 erst Mitte des darauffolgenden Jahres die Unterzeichnung des Friedensvertrages folgte.

In diesem Punkt weicht das Schicksal von Jean Martin von jenem von Augustin Astruc ab. Dennoch kann ich der Versuchung nicht widerstehen, hier zum Abschluss Astrucs letztes Schreiben an seine Frau zu zitieren.

Dieser Brief wird auf alle Fälle der letzte sein, den ich dir schicke. [...] Wirklich der letzte! Können wir uns das überhaupt vorstellen, dass wir uns bald nicht mehr schreiben müssen, sondern dass wir

dann unsere Gedanken jederzeit nach Belieben frei austauschen kön-
nen, ohne einer Vermittlung zu bedürfen? [...]

Unter den Demobilisierten, die in den letzten Tagen aufbrachen, um
nach Hause zurückzukehren, bemerkte ich häufig eine gewisse Un-
zufriedenheit, einen gewissen Verdruss. Ich sprach sie darauf an,
weil ich dies nicht nachvollziehen konnte: „Wieso passt euch der Ab-
schied vom Soldatenleben nicht? Vor vierundfünfzig Monaten muss-
ten wir unser Zuhause verlassen; wir taten dies, um unsere Pflicht
zu erfüllen, aber mit Bedauern. Während dieser langen Monate hat-
ten wir nur einen einzigen Traum: dass der Krieg so bald wie möglich
enden möge, so dass wir die Möglichkeit zur Rückkehr zu unseren
Familien haben würden. Bis vor kurzem konnten wir diesen Wunsch
aber nicht verwirklichen, und wir beklagten uns über die Dauer die-
ses Konflikts. Das stets so fern wirkende Ende des Krieges wurde
mittlerweile erreicht. Unsere persönliche Freiheit, an deren Verlust
wir uns bereits gewöhnt hatten, erhalten wir nunmehr zurück. Der
vor viereinhalb Jahren formulierte Wunsch geht endlich in Erfül-
lung.

Und deswegen sollten wir traurig sein? Deswegen sollten wir uns
ärgern? Aber nicht doch, das wäre Unsinn. Einen Grund, traurig zu
sein, haben wir nur beim Gedanken an jene unserer Kameraden – von
denen es leider allzu viele gibt –, mit denen es das Schicksal weniger
gut gemeint hat als mit uns und die nicht das Glück haben werden,
ihre Familien wiederzusehen. Ihre Hoffnung auf Rückkehr wurde für
immer zerstört durch einen qualvollen Tod auf dem Schlachtfeld.
Traurig kann uns auch das Bewusstsein stimmen, dass wir vierein-
halb Jahre älter nach Hause zurückkehren; den Verlust an Lebens-
freude während dieser Zeit werden wir niemals ausgleichen können.

Wird nicht trotz alledem der Tag, an dem wir in die Freiheit entlassen werden, einer der schönsten unserer Existenz sein? Vielleicht sogar der allerschönste, wenn man die Schwierigkeiten berücksichtigt, die ihm vorangegangen sind? Oh ja, ich bin sehr froh, wenn ich daran denke, dass übermorgen die Abfahrt nach Hause ansteht. Meine Reise wird bestimmt nicht übermäßig anstrengend sein und am nächsten Sonntag werde ich bereits bei euch sein, für immer. Die Freude über diese Heimkehr wird dann nicht mehr geschmälert durch das Wissen, bald wieder an die Front zurückkehren zu müssen. Es wird kein vorübergehender Aufenthalt bei den geliebten Angehörigen mehr sein. Für uns entfällt dann der schmerzliche Abschied, von dem wir wissen, dass er ein endgültiger sein könnte. Es wird für uns die Rückkehr zu unserem früheren Leben sein, dir Rückkehr zum Glück, die Rückkehr zu einer intakten Familie.

Oh, wie glücklich ich bin! Nur noch ein Tag!

Möge dieser endlos anmutende Tag doch schnell vergehen, damit ich mir bald sagen kann, während ich euch alle umarme: „Ich bin ein Zivilist!"

Astruc.

25. Februar 1919

Nachwort des Übersetzers

Der Erste Weltkrieg – weniger seine militärischen Aspekte als vielmehr seine Auswirkungen auf das Leben der Menschen – wurde, während er noch in vollem Gange war, sehr bald in allen literarischen Gattungen dargestellt,[1] u.a. auch in Form von Theaterstücken.[2] Aus Gründen der dramaturgischen Kohärenz (d.h., der Beachtung der aristotelischen Einheiten, insbesondere der Zeit und des Ortes) wurde dabei der entbehrungsreiche Alltag der Soldaten an der Front und in der Etappe in der Regel streng geschieden vom Leben der Zivilisten in der Heimat, obwohl beide durchaus miteinander in Verbindung standen bzw. sich gegenseitig beeinflussten.[3]

---

[1] Vgl. Gislinde Seybert und Thomas Stauder (Hrsg. / éds. / eds.), *Heroisches Elend – Misères de l'héroïsme – Heroic Misery. Der Erste Weltkrieg im intellektuellen, literarischen und bildnerischen Gedächtnis der europäischen Kulturen. La Première Guerre mondiale dans la mémoire intellectuelle, littéraire et artistique des cultures européennes. The First World War in the Intellectual, Literary and Artistic Memory of the European Cultures.* Frankfurt/M. 2014 (Band I und II).

[2] Vgl. Martin Baumeister, *Kriegstheater. Großstadt, Front und Massenkultur 1914-1918*, Essen 2005; Eva Krivanec, *Kriegsbühnen. Theater im Ersten Weltkrieg. Berlin, Lissabon, Paris und Wien*, Bielefeld 2012.

[3] Im Roman hingegen, der als epische Gattung seit jeher größere Zusammenhänge schildern kann, wurde bei der Darstellung des Ersten Weltkriegs dieser Zusammenhang durchaus nicht selten berücksichtigt. Obwohl in Erich Maria Remarques *Im Westen nichts Neues* ein Großteil der Handlung Paul Bäum-

Ein künstlerisch bedeutsames Beispiel aus der deutschen Literatur für Ersteres finden wir in Reinhard Goerings im Februar 1918 uraufgeführter Tragödie *Seeschlacht*. Schauplatz des gesamten Stückes ist das Innere des Panzerturms eines Kriegsschiffes, „dramatis personae" sind sieben Matrosen der kaiserlichen Kriegsmarine, welche die im Titel genannte Seeschlacht – deren Vorbild jene war, die 1916 am Skagerrak Deutsche und Engländer bestritten hatten – zunächst bang erwarten, bis sie schließlich bühnenwirksam in den Kampf eingreifen. In ihren mit expressionistischer Emphase geführten Diskussionen treten unterschiedliche Haltungen gegenüber dem Krieg zum Vorschein, basierend auf den kontrastierenden Weltanschauungen der Matrosen.[4]

Gänzlich im Zuhause eines namenlosen, vorübergehend von der Front heimgekehrten Soldaten spielt demgegenüber Paul Raynals französisches Stück *Le Tombeau sous l'Arc de Triomphe*,[5] das 1924 uraufgeführt wurde. Dem Protagonisten werden vier Tage Heimaturlaub gewährt, die er zur Heirat mit

---

ers Fronterlebnissen gewidmet ist, wird mit einiger Ausführlichkeit auch von einem Heimaturlaub des Protagonisten berichtet, während dem dieser eine große innere Kluft zwischen sich und den kriegsfernen Zivilisten verspürt.

[4] Eine eingehendere Interpretation bietet: Janis L. Solomon, „Reinhard Goering: Staging the War", in Seybert/Stauder 2014 (a.a.O.), S. 1133-1152.

[5] Der Titel bezieht sich auf das Grabmal für alle nicht identifizierten französischen Gefallenen des Ersten Weltkriegs, das 1920 unter dem Pariser Triumphbogen an der Place de l'Étoile eingeweiht wurde.

seiner Verlobten Aude nutzen will; durch eine plötzlich eintreffende Depesche wird sein Aufenthalt aber auf wenige Stunden verkürzt, die immerhin noch eine Liebesnacht erlauben, bevor er wieder in den Kampf ziehen muss. Durch die Einbeziehung einer weiblichen Figur – daneben gibt es in diesem Dreipersonenstück nur noch den Vater des Soldaten – wird der Fokus auf das Mitleiden der Angehörigen während des Krieges verschoben, bzw. auf die Belastung der privaten (Liebes-)Beziehungen durch die lange Abwesenheit der Kriegsteilnehmer.[6]

Letzteres ist auch eines der Themen der *Briefe an Élise* von Jean-François Viot; durch den Kunstgriff, die beiden verheirateten und durch den militärischen Konflikt getrennten Hauptfiguren sich einander schreiben zu lassen, gelingt ihm eine sonst dramaturgisch kaum erreichbare Verschmelzung von Heimat- und Frontperspektive. Wie eine moderne Penelope wartet Élise in der ländlichen Abgeschiedenheit der Auvergne auf ihren Jean, der gleich dem Odysseus Homers – das antike Epos schickt sie ihm als Etappenlektüre zu – jahrelang fern von seiner Frau unterwegs ist und dabei in einigen heute berühmten Schlachten des Ersten Weltkriegs zum Einsatz kommt, u.a. in Verdun und am Chemin des Dames. Die Erlebnisse und Gefühle dieses fiktiven Liebespaars sind eine wohldurchdachte und ästhetisch gelungene Synthese authentischer, vom Autor ausgewerteter Briefwechsel der damaligen Zeit.

---

[6] Ausführlicher zu Paul Raynal: Jeanyves Guérin, *Le Théâtre en France de 1914 à 1950*, Paris 2007, S. 36 f.

Jean-François Viot hat es überdies geschafft, in diesem Stück auf anschauliche und bühnentaugliche Weise ein Kondensat wichtiger Fragestellungen und Motive des Ersten Weltkriegs zu präsentieren, wie sie von der historiographischen und kulturwissenschaftlichen Forschung der letzten Jahre diskutiert wurden. Angesichts der Gender-Dichotomie der beiden Hauptfiguren verdient an erster Stelle Erwähnung das Brüchigwerden der traditionellen Geschlechterrollen während jenes Konflikts.

Obwohl im Stück versucht wird, den Soldaten männliches Heldentum[7] als Vorbild zu indoktrinieren (u.a. durch den Verweis auf den gegen die Römer kämpfenden Gallier Vercingetorix), zögert Jean in seinen Briefen an Élise nicht, seine Angst im Gefecht zu bekennen. Dass er nicht an militärischen Heroismus glaubt, zeigt auch sein Spott über den soldatischen Ruhm sowie über den Orden, den er für seine angebliche Tapferkeit erhält: „Was soll das Ganze überhaupt? […] Hier lässt sich keiner für dumm verkaufen."

Was die Veränderungen im Bild der Frau während des Ersten Weltkriegs betrifft, so wird durch das von Élises Tochter Camille beim Spiel getragene Krankenschwester-Kostüm zunächst an ein traditionelles, pflegend-fürsorgliches Rollenmodell erinnert, das tatsächlich in jenen Jahren für viele

---

[7] Vgl. hierzu den Überblick von René Schilling, *„Kriegshelden": Deutungsmuster heroischer Männlichkeit in Deutschland 1813-1945*, Paderborn 2002. Eine kurze Synthese bietet der Artikel „Heldenkult" von Gerhard Schneider in der *Enzyklopädie Erster Weltkrieg*, Hrsg. Gerhard Hirschfeld, Gerd Krumeich und Irina Renz, Paderborn 2009, S. 550 f.

Frauen weiterhin maßgeblich war.[8] Daneben verkörpern aber Élise und Jeans Schwester Louise einen neuen Typus von Frauen, die durch die Abwesenheit der Männer von deren zivilen Arbeitsplätzen gezwungen waren, in den Kriegsjahren eine ihnen zuvor nicht zugetraute berufliche Verantwortung zu übernehmen.[9] Élise muss nicht nur in der Schule mehr Klassen unterrichten als zuvor, sondern nach der Verletzung ihres Schwiegervaters zusätzlich noch dessen gepachtete Felder bestellen. Die Hose, die sie dabei trägt, ist bei dieser landwirtschaftlichen Tätigkeit nicht nur praktischer als ein Rock, sondern vor allem auch ein Symbol weiblicher Emanzipation. Louise arbeitet in einer Munitionsfabrik, wie dies zwischen 1914 und 1918 tatsächlich viele Frauen taten;[10] und wie dies in der historischen Realität häufig der Fall war, verursacht der Kontakt mit Giftstoffen bei ihr schwere Gesundheitsschäden, die schließlich zu ihrem Tod führen. Auf symbolisch prägnante Weise schlägt Élise vor, den Namen von Louise auf das Gefallenendenkmal neben die Namen der männlichen Kriegsopfer zu setzen, was aber abgelehnt wird: Die Zeit war noch

---

[8] Vgl. Yvonne Kniebiehler, „Les anges blancs : naissance difficile d'une profession féminine", in Évelyne Morin-Rotureau (dir.), *1914-1918 : combats de femme*, Paris 2004, S. 47-63.

[9] Die Worte, die in Viots Stück zu Beginn des Krieges der Bürgermeister an Élise und die anderen Einwohnerinnen richtet – „Aufgestanden! Ersetzen wir auf dem Feld der Arbeit all jene, welche ins Schlachtfeld gezogen sind!" – zitieren den Appell des französischen Regierungschefs René Viviani an die Frauen der Nation vom 7. August 1914.

[10] Sie wurden damals „les munitionnettes" genannt; vgl. Michelle Zancarini-Fournel, „Travailler pour la patrie ?", in Morin-Rotureau 2004 (a.a.O.), S. 32-46.

nicht reif für eine vollständige Anerkennung des weiblichen Beitrags in der Gesellschaft.

Der in den Jahren des Ersten Weltkriegs weitverbreitete Nationalismus[11] – die Kinder wurden erzogen im Geist „der Überlegenheit unserer Kultur und unseres Volkes", wie es in den in Élises Schule von der Obrigkeit verteilten Handreichungen heißt – wird in Viots Stück mehrfach dekonstruiert. Dies beginnt damit, dass Jean in seiner kriegsbedingt negativen Haltung gegenüber den Deutschen ein erstes Mal stutzig wird, als ihm bewusst wird, dass auch der von ihm verehrte Beethoven ein „Teutone" war. Als er in einem Schützengraben auf einen tödlich verwundeten Deutschen stößt, findet er in dessen Tasche einen Brief an dessen Frau, der Ähnliches enthält wie Jeans Briefe an Élise: Die Feinde unterscheiden sich also trotz aller nationalistischen Propaganda auf der menschlich-privaten Ebene kaum voneinander.[12] Während der Rekonvaleszenz nach seiner Verletzung lernt Jean dann den alten Gymnasiallehrer Monsieur Mauvernay kennen, welcher eine

---

[11] Zu den nationalen Selbst- und Fremdbildern in jener Zeit: Thomas Stauder, „Les stéréotypes nationaux pendant la Grande Guerre : L'antagonisme entre la France et l'Allemagne vu d'un pays neutre, l'Espagne", in *Écrits de guerre 1914-1918, Colloque internationale de Bruxelles (Palais des Académies, 11 octobre 2014)*, Textes réunis par Huguette de Broqueville, Bruxelles 2015, S. 17-45.

[12] Dies wird später anlässlich einer Begegnung Jeans mit einem Trupp deutscher Gefangener noch einmal unterstrichen: „Sie waren so schmutzig wie wir. Hungrig wie wir. Erschöpft wie wir. Wenn sie nicht ihre deutschen Helme aufgehabt hätten, dann hätte man sie für uns halten können."

pazifistische, nationenübergreifend humanistische Haltung ähnlich jener Romain Rollands[13] verkörpert. Mauvernays Traum von einer Organisation, „welche die Nationen Europas unter ihrem Dach vereint", verweist ganz konkret auf die als Konsequenz des Ersten Weltkriegs erfolgte und im Versailler Friedensvertrag vereinbarte Gründung des Völkerbundes.

Historisch bedeutsam ist auch die anhand von Jeans soldatischem Kamerad Victor vorgeführte Rebellion und Befehlsverweigerung, für die er hingerichtet wird; derartige Meutereien kamen in der französischen Armee tatsächlich vor[14] – in gehäufter Form 1917 nach der sinnlosen Offensive am Chemin des Dames, die unnötig viele Menschenleben kostete – und wurden nicht selten auch drakonisch bestraft. Ein weiteres während des Ersten Weltkriegs in Frankreich vieldiskutiertes Phänomen waren die ‚Drückeberger', d.h. jene wehrtauglichen Männer, denen es gelang, sich unter Vortäuschung gesundheitlicher Probleme oder mit anderen Begründungen der Pflicht zur Verteidigung des Vaterlandes zu entziehen.[15] In *Briefe an Élise* werden sie verkörpert durch André, den Sohn der Gräfin; Bonpa, Jeans in dessen Heimatort verbliebener Vater, droht zwar damit, ihn anzuzeigen, aber am Ende ist es André selbst, der dem gesellschaftlichen Druck nicht mehr standhält und 1918 endlich an die Front geht. Schließlich soll

---

[13] Vgl. den Aufsatz von Jean-Pierre Meylan, „Romain Rollands Aufruf *Au-dessus de la mêlée* (1914), ein Fanal gegen den Selbstmord Europas", in Seybert/Stauder 2014 (a.a.O.), S. 537-555.

[14] Vgl. den diesbezüglichen Artikel von Jean-Jacques Becker in der *Enzyklopädie Erster Weltkrieg* (a.a.O.), S. 710 f.

[15] Hierzu sehr ausführlich: Charles Ridel, *Les embusqués*, Paris 2007.

noch ein letztes historisches Detail erwähnt werden, das in Viots Stück aufgegriffen wird: der berühmte „Weihnachtsfrieden" von 1914, bei dem es ab dem 24. Dezember zu spontanen Verbrüderungen zwischen den Kriegsgegnern (vor allem zwischen Deutschen und Briten) kam.[16] Diese von den jeweiligen Heeresführungen missbilligten Vorkommnisse werden in *Briefe an Élise* gemäß der Freiheit künstlerischer Gestaltung verlegt auf das Ende des Jahres 1915;[17] auch das Fußballspiel zwischen Deutschen und Franzosen, das Viot in den Kontext von Jeans Krankenhausaufenthalt nach seiner Verwundung platziert (Jahreswechsel 1916/17) gehört ursprünglich zur „trêve de Noël".[18]

Abschließend noch einige Worte zum Autor. Der 1975 in Ottignies (Belgien) geborene Jean-François Viot entdeckte seine Begeisterung für das Theater während seines Literaturstudiums: Am Théâtre Universitaire der Université catholique de Louvain inszenierte er u.a. Stücke von Oscar Wilde und von Molière. Während einer mehrjährigen Mitarbeit beim Festival

---

[16] Vgl. den diesbezüglichen Artikel von Christoph Jahr in der *Enzyklopädie Erster Weltkrieg* (a.a.O.), S. 957-959.

[17] Was insofern eine historische Berechtigung hat, als sich die Fraternisierungen von Weihnachten 1914 in geringerem Umfang an den Feiertagen des Jahres 1915 wiederholten, wobei diesmal vor allem Deutsche und Franzosen betroffen waren.

[18] Letztere ist auch in die Populärkultur und damit in das kollektive Gedächtnis eingegangen, seit Christian Carion 2005 auf dem Filmfestival von Cannes seinen diesem Ereignis gewidmeten Film *Joyeux Noël* präsentierte, besetzt mit international bekannten Schauspielern wie Guillaume Canet, Daniel Brühl, Benno Fürmann und Diane Krüger.

de Théâtre de Spa wurde er dort der Assistent des Regisseurs und Theaterdirektors Armand Delcampe. Enge Kontakte knüpfte er auch zum Atelier Théâtre Jean Vilar und lernte dabei von Persönlichkeiten wie Patrice Kerbrat, Serge Kribus, Olivier Leborgne, Tanya Lopert und Jean-Claude Idée. Dabei konnte er im Lauf von zehn Jahren an der Inszenierung von rund zwanzig Schauspielaufführungen mitwirken, von Autoren wie Shakespeare, Molière, Goldoni, Hare, Williams, Mirbeau, Bernhard und Frayn. Sein erstes Theaterstück, *Gustave et Alexandre* (über das Leben von Alexandre Dumas) verfasste er 2002; es wurde von der Alliance française für eine Tournee durch Süd- und Nordamerika ausgewählt (von Caracas bis Montreal). Auch seine folgenden Stücke behandeln meist biographische und historische Stoffe:

- *Liberty* (2003; über die Unabhängigkeitskriege der USA im 18. Jahrhundert; eine der beiden Hauptfiguren ist George Washington)
- *Héloïse et Abélard* (2004; über das mittelalterliche Liebespaar, aber auch allgemeine weltanschauliche Probleme jener Epoche)
- *Lafayette* (2005; über den französischen Marquis, der sich zunächst im amerikanischen Kampf um Unabhängigkeit engagierte und anschließend in der Französischen Revolution)
- *Sur la route de Montalcino* (2007; eine philosophische Diskussion zwischen den Kosmologen Fred Hoyle und Georges Lemaître über die Gesetze des Universums)
- *Au bord des lèvres* (2010; basierend auf der Biographie des Jazzmusikers Chet Baker)
- *La Reine* (2013; über Marie-Antoinette zur Zeit der Französischen Revolution)

Lettres à Élise verfasste er 2014 aus Anlass des hundertjährigen Gedenkens an den Ersten Weltkrieg; das Stück wurde uraufgeführt am 12. Juni 2014 in Thorembais les Béguines (Belgien). Im November 2014 erhielt er dafür den „Prix littéraire du Parlement de la Fédération Wallonie-Bruxelles"; in ihrer Urteilsbegründung lobte die Jury insbesondere die Authentizität des durch echte Soldatenbriefe inspirierten Stückes sowie die feinfühlige psychologische Gestaltung der Charaktere. Bevor es im November 2015 in Aschaffenburg erstmalig auf Deutsch präsentiert wurde, war es in seiner französischen Originalversion bereits in zahlreichen Städten Belgiens sowie (in geringerem Maße) auch Frankreichs gespielt worden. Wegen des universellen Charakters seiner humanistischen Botschaft wird es auch jenseits der zwischen 2014 und 2018 ablaufenden Gedenkperiode weiter seinen Wert behalten.

Thomas Stauder

Zeitfracht Medien GmbH
Ferdinand-Jühlke-Straße 7
99095 Erfurt, Deutschland
produktsicherheit@kolibri360.de